感谢上海紫竹高新技术产业开发区对本书的

大力支持和帮助

◎编委会主任◎

许春明 骆山鹰

◎编委会成员◎

王勉青　吴海寅　刘宇锋

李　敏　黄海燕　吴兆国

# TRUSTEE OF IP

# 智财管家

## 高新区知识产权托管探索与实践

王勉青 ◎ 编著

THE EXPLORATION AND
PRACTICE OF
INTELLECTUAL PROPERTY TRUSTEESHIP IN HIGH-TECH ZONE

### 图书在版编目(CIP)数据

智财管家:高新区知识产权托管探索与实践/王勉青编著.—北京:北京大学出版社,2016.11

ISBN 978-7-301-27687-7

Ⅰ.①智… Ⅱ.①王… Ⅲ.①高技术产业区—知识产权—管理—研究—中国 Ⅳ.①D923.404

中国版本图书馆 CIP 数据核字(2016)第 259190 号

| | |
|---|---|
| **书　　　名** | 智财管家:高新区知识产权托管探索与实践<br>Zhi Cai Guanjia:Gaoxinqu Zhishichanquan Tuoguan Tansuo yu Shijian |
| **著作责任者** | 王勉青　编著 |
| **责 任 编 辑** | 朱梅全　黄　蔚 |
| **标 准 书 号** | ISBN 978-7-301-27687-7 |
| **出 版 发 行** | 北京大学出版社 |
| **地　　　址** | 北京市海淀区成府路 205 号　100871 |
| **网　　　址** | http://www.pup.cn |
| **电 子 信 箱** | sdyy_2005@126.com |
| **新 浪 微 博** | @北京大学出版社 |
| **电　　　话** | 邮购部 62752015　发行部 62750672　编辑部 021-62071998 |
| **印 刷 者** | 三河市北燕印装有限公司 |
| **经 销 者** | 新华书店 |
| | 965 毫米×1300 毫米　16 开本　17.25 印张　201 千字<br>2016 年 11 月第 1 版　2016 年 11 月第 1 次印刷 |
| **定　　　价** | 48.00 元 |

未经许可,不得以任何方式复制或抄袭本书之部分或全部内容。
**版权所有,侵权必究**
举报电话: 010-62752024　电子信箱: fd@pup.pku.edu.cn
图书如有印装质量问题,请与出版部联系,电话: 010-62756370

# 前　言

知识经济时代以来，知识产权贸易快速发展，如何有效培植知识产权资源，挖掘知识产权价值，对于我国经济的创新驱动、转型发展，建设创新型国家而言具有特别的意义。高新技术产业区作为我国科技创新的"龙头"，对推进科技与经济、市场和政府、中央与地方三个面向的结合产生了积极的影响。在我国高新区经济模式下，区内科技企业成长迅速，创新成果持续涌现，产业集聚效果显著。依托高新区这一平台，我国科技企业越来越重视知识产权的开发、积累、运营和保护等各项工作，而寻找适合企业的知识产权管理模式是企业知识产权资产保值、增值的重要途径，知识产权托管就是被高新区以及企业所倚重的一种资产管理模式。但是，知识产权托管不但要受知识产权本身法律性的限制，同时也受到其作为商业资产的经济性的约束。因此，知识产权托管应在理论上寻求逻辑依据，论证其模式的合法性；在实践上检验发展实例，完善该模式的可行性；在政策上探求有效引导，推进市场的成熟发展和竞争性规范建设，最终建构知识产权托管模式的条件和适用性，这对于知识产权托管的有效开展和推广至关重要。

《智财管家：高新区知识产权托管探索与实践》这本书以高

新区为视角，从高新区知识产权托管服务和企业知识产权托管项目两个层面，从知识产权托管理论和高新区知识产权托管实践的不同方面，全面分析了高新区开展知识产权托管的必要性和可行性，探讨了高新区知识产权托管模式的体系内容。本书结合紫竹高新区知识产权托管的实践及其相应的成果，论证了为什么知识产权托管是当前相对适应我国高新区以及区内企业知识产权工作水平和知识产权管理需求的一种管理模式，这对于在我国当前的经济发展背景下，更好地发挥高新区这一平台作用，支持知识产权工作更好地开展具有特别的意义。

知识产权托管不同于一般知识产权管理，是知识产权创新机制、激励机制、经济运营机制、风险预警机制、日常工作机制、人才培养机制和纠纷解决机制等一系列制度规范和执行流程的统一体。本书所说的高新区知识产权托管就是在高新区范畴内，将高新区和区内企业对知识产权管理的需求与知识产权服务机构的专业化服务相结合，根据高新区知识产权工作的目标规划和任务安排，委托知识产权服务机构管理其全部或部分知识产权资产的相关事务的一种模式。高新区知识产权托管通过高新区知识产权托管的公共服务、高新区中小企业孵化器托管的基础服务和高新区企业法律诊所托管服务三个模块，满足高新区及其区内企业在知识产权工作上的不同需求，建立起具有特定知识产权工作内容的知识产权服务体系，包括：为企业的知识产权战略制定和实施提供专业方案；协助企业开发、完成自主知识产权，开展知识产权的资本运营；知识产权人才培养；对企业的知识产权申请、确权等权利清单建设提供建议和决策，协助完成日常知识产权事务性工作；完善、监督、落实企业内部的知识产权自我管理工作；监测及侵权预警，对侵权及时进行调查、取证，保护企业知识产权；帮助企业实施品牌战略、标准化、专利联盟等一系列工作。高新区知识产权托管模式依托高新区产业集聚优势和知识产权托管服务平台，可以有效激发企业的知识产权意识、创新意识，辅助企业开展知识产权资产经营，培育企业知识产权的核心竞争力，从而使得企业在未来的科技化、网络化和全球化竞争中占据主动。本书从紫竹高新区的知识产权托管工作中总结经验，提出问题，细化服务内容，论证了如何通过高新区知识产权托管来满足区内不同企业在不同发展阶段的知识产权工作需要，更好地促进了区内企业知识产权的管理和运营开展，或助力孵化企业的发展壮大，或实现大中型企业的知识产权效益最大化。同时，高新区知识产权托管完善了高新区科技服务体系，实现了高新区知识产权托管目的，充分显现了高新区与知识产权托管的叠加效应，对促进高新区的高新科技产业集聚和经济效益集聚的贡献不言而喻。

  21世纪是知识经济的时代，如果不将知识产权作为资产来加以管理和经营，没有创造知识产权价值的意识，将逐渐被国内外市场竞争边缘化。依托高新区知识产权托管这一模式，大力提高知识产权创造和运用的水平，建立以促进创新为目标的知识产权托管机制和以创造价值为目标的托管模式，是实现高新区产业集聚，企业提升核心竞争力的必然途径。在紫竹高新区的发展过程中，走出一条符合高新区产业定位和优势的创新创业发展之路，需要更加深入的知识产权工作和制度创新；要想充分发挥高新区体制机制优势，进一步优化国家高新区创新创业环境，推进战略性新兴产业集聚，需要高新区在现有知识产权工作模式、机制的基础上，结合自身实际和发展目标，提出适合高新区未来发展重点的配套知识产权机制，并严格按照规划和机制开展各项工作以保障高新区发展目标的最终实现。

# 目 录
CONTENTS

## 第一章　高新区与知识产权托管概述

**第一节　高新区发展与知识产权管理** …………………… 003
一、高新区是我国经济发展的重要现象…………………… 003
二、知识产权管理：到底管什么 ………………………… 007
三、高新区如何开展知识产权管理………………………… 014

**第二节　知识产权管理与知识产权托管** ………………… 019
一、知识产权管理与知识产权托管的关系………………… 019
二、高新区的中小企业知识产权托管……………………… 024

**第三节　高新区开展知识产权托管的意义** ……………… 034
一、高新区需要知识产权托管……………………………… 034
二、高新区开展知识产权托管的现实基础………………… 036

## 第二章　高新区知识产权托管的基本原理

**第一节　高新区的知识产权托管模式** …………………… 041
一、在高新区开展知识产权托管的优越性………………… 041
二、知识产权托管与其他知识产权管理方式的比较……… 045

第二节　高新区知识产权托管的实施方案 ················ 052
　　一、托管前的调研阶段 ································ 052
　　二、托管的实施阶段 ·································· 053
　　三、总结阶段 ········································ 056
第三节　政府在高新区知识产权托管中的作用 ············ 057
　　一、营造开展知识产权托管的政策环境 ················ 058
　　二、促进知识产权托管协调有序发展 ·················· 059
　　三、开辟知识产权人才培养路径 ······················ 061
　　四、整合、提升知识产权服务平台资源和服务 ·········· 062
第四节　知识产权托管机构的遴选和职责 ················ 064
　　一、知识产权托管机构的确定 ························ 064
　　二、知识产权托管机构的职能 ························ 068

## 第三章　紫竹高新区知识产权托管的实践成果

第一节　高新区知识产权托管的发展历史 ················ 073
　　一、高新区开展知识产权托管的基础和条件 ············ 073
　　二、尝试开展知识产权托管 ·························· 075
　　三、全面推行知识产权托管 ·························· 078
第二节　高新区知识产权托管的工作成果 ················ 081
　　一、在知识产权创造上取得量和质的同步提高 ·········· 081
　　二、知识产权管理水平逐步提高 ······················ 082
　　三、营造良好的知识产权文化氛围 ···················· 083
第三节　紫竹高新区知识产权托管与其他园区知识产权托管
　　　　的比较 ········································ 084
　　一、各地知识产权托管的实践 ························ 084
　　二、园区知识产权托管的比较分析 ···················· 089

# 第四章　紫竹高新区知识产权托管的实证分析

第一节　高新区知识产权托管的计划与流程 …………… 101
　　一、知识产权托管模式的选择 ………………………… 101
　　二、知识产权托管的流程 ……………………………… 110
第二节　高新区知识产权托管的基本内容 ……………… 113
　　一、知识产权的制度和渠道建设 ……………………… 113
　　二、知识产权的日常服务 ……………………………… 118
　　三、知识产权的经营管理 ……………………………… 123
　　四、知识产权的诉讼保护 ……………………………… 127
　　五、知识产权的人才培养 ……………………………… 137
第三节　高新区知识产权托管的人事管理 ……………… 140
　　一、合理设置知识产权托管部门 ……………………… 140
　　二、知识产权托管机构的选择 ………………………… 144
　　三、知识产权的人才体系建构 ………………………… 146
第四节　高新区知识产权托管的战略管理 ……………… 148
　　一、战略目标的制订 …………………………………… 148
　　二、战略目标的落实 …………………………………… 151
第五节　高新区知识产权托管中的企业知识产权托管 … 156
　　一、企业知识产权托管项目 …………………………… 156
　　二、分类知识产权的托管工作 ………………………… 160

# 第五章　高新区知识产权托管的未来发展

第一节　建立健全高新区知识产权托管的模式机制 …… 179
　　一、完善高新区知识产权托管模式 …………………… 180

二、提升高新区知识产权托管水平 …… 182
三、加强高新区知识产权托管的协同机制 …… 184

**第二节 深化推进高新区对知识产权创新的确权工作** …… 187
一、提高知识产权的研发能力 …… 187
二、创新成果的知识产权确权机制 …… 189

**第三节 重点建设高新区对知识产权创业的用权机制** …… 190
一、创建完善知识产权投资转化的要素市场 …… 190
二、建立健全知识产权运营机制 …… 195

## 附件　政策与文件

附件一　国家知识产权试点示范园区管理办法 …… 203
附件二　关于进一步加强知识产权运用和保护助力创新
　　　　创业的意见 …… 212
附件三　小企业集聚区知识产权托管工作指南 …… 218
附件四　园区知识产权托管服务实施方案 …… 223
附件五　知识产权托管工作的考核标准 …… 226
附件六　知识产权管理办法 …… 228
附件七　知识产权知识问答 …… 236
附件八　高新区内企业知识产权调查问卷(样本) …… 242
附件九　知识产权活页范本一：知识产权托管协议 …… 251
附件十　知识产权活页范本二：商业秘密保密合同 …… 255
附件十一　知识产权活页范本三：技术转让合同
　　　　　（专利实施许可） …… 259

后　记 …… 265

# 第一章
# 高新区与知识产权托管概述

　　随着经济全球化和贸易自由化的发展,企业财产价值的重心正在逐渐由有形的物质资产向无形的知识资产转移。知识产权作为企业核心竞争力的重要组成部分,其无形资产的财产地位不断得到巩固和提升,与知识产权财产价值休戚相关的知识产权管理,也日益凸显其地位的重要性。

# 第一节 高新区发展与知识产权管理

## 一、高新区是我国经济发展的重要现象

在工业化社会发展过程中,基于企业规模化、产业集聚和地方经济发展的需要,产业园区这一现象应运而生。19世纪末,英国的曼彻斯特工业中心和美国的斯坦福工业园相继出现。现代意义上的产业园区是指在一个国家或地区,为促进某一产业发展,通过政府行政干预或市场机制竞争最终形成的具有产业集约化、特色化、关联化的特殊区位环境,是区域经济发展、产业调整升级的重要空间聚集形式。高新技术产业开发区(以下简称"高新区")是产业园区最重要的形式之一。

高新区的概念可以追溯至马歇尔在《经济学原理》(1920)中提到的"工业区"一说,真正意义上的高新区实体则出现在20世纪50年代。80年代以后,在以美国"硅谷"为代表的高新区效应的推动下,全球兴起了一波建设高新区的热潮。高新区发展模式一直都是我国产业集群和经济发展的重要载体和组成部分。1988年8月,我国高新技术产业化发展计划——火炬计划开始实施,创办高新技术产业开发区和高新技术创业服务中心被明确列入火炬计划的重要内容。在火炬计划的推动下,各地纷纷结合当地特点和条件,积极创办高新技术产业开发区。经过二十多年的发展,高新区已经成为我国科技创新的"龙头",拉动了区域经济发展,提高了我国战略性新兴产业的国际竞争力。截至2016年7月,我国已有146个国家高新区,集聚

了 31160 家高新技术企业，2015 年实现营业收入 25.37 万亿元，"十二五"期间实现年均增长 17.4%；① 根据《中国 100 强产业园区持续发展指数报告》的数据显示，2014 年，百强经济开发区中，高新区的工业总产值为 127182.10 亿元，占全国高新区比重的 77%，平均工业总产值达到 2543.64 亿元，较 2013 年增长 14%。② 在我国，各级高新区集聚国内科技创新的资源，依托高新区发展模式，可以加快科技产业集群式发展，推动企业内生式成长，实现创新机制的突破，是我国高新技术产业发展的重要力量。

高新区在这些年来的发展中，积极推进科技与经济结合、市场和政府的结合、中央与地方的结合，使得区内科技企业成长迅速，创新成果持续涌现，产业集聚效果显著。高新区在引领国家和地方经济发展中的功能主要体现在以下几个方面：(1) 产业集聚功能。作为具备区位优势的高新区可以根据自己的定位，利用物理空间招揽科技企业形成企业集聚乃至产业基础。(2) 资源整合功能。高新区具有政策制度、基础设施、中介服务、平台沟通等相关配套优势，可以利用高新区渠道为企业提供人力、财力、信息、组织等方面的资源共享，不但帮助企业降低生产成本，也使得社会资源通过整合取得效益最大化。(3) 企业孵化功能。高新区以各类科技企业孵化器为核心，建立和完善相应设施与机构，提供包括研发、信息、投融

---

① 参见《高擎起科技创新的"火炬"——国家高新区建设发展综述》，http://www.most.cn/xinwzx/mtjj/ztjj/2016zt/gjgxqdyx/201607/t20160726_126771.htm，2016 年 8 月 24 日访问。

② 参见《〈2015 中国产业园区持续发展蓝皮书〉"出炉"》，http://finance.ifeng.com/a/20151207/14113397_0.shtml，2016 年 3 月 9 日访问。

资、贸易、知识产权、财务、人才、培训等多种创业发展所需要的服务，帮助种子期企业发展壮大。（4）示范辐射功能。高新区的技术成果、管理经验、平台服务等不仅能够帮助企业得到更好的发展，形成高新区的优势，同时这些经验也可以通过示范效用，在其他高新区、产业内得到复制和推广，带动所在区域乃至更广泛地区的经济发展；同时，高新区在发展中会逐渐形成产业集群层次，建成具有中心集聚，周边辐射扩散的发展模式。

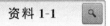

资料1-1

## 紫竹国家高新技术产业开发区

紫竹国家高新技术产业开发区是由上海市闵行区人民政府、上海交通大学、紫江集团、上海联和投资有限公司等共同筹划建立，集科研、人才、资本、产业等优势，运用市场化运作方式而设立的新型高新技术产业开发区。高新区以集成电路与软件、新能源、航空、数字内容、新材料和生命科学六大类产业作为主导产业，为进入高新区的科研人员和国内外高科技人才提供科技创新服务。高新区现已引进了中航通用电气民用航电系统、中国商飞客服中心、中广核、上海电气风电等一批国家和省（市）级重大项目，还吸引了英特尔、微软、意法半导体、GE、可口可乐、博格华纳、埃克森美孚等多家世界500强公司来高新区设立研发中心和地区总部，成为跨国公司技术溢出和人才溢出的重要源头，推动了相关高新技术产业在高新区的集聚。高新区依托上海交通大学、华东师范大学和高新区内科研机构等科研院所，建立了完善的孵化体系和硬件设施，支撑这些机构科研成果的产业化转化。高新区积极运用政府所赋予的优惠政策，在高新区内的人才和科研优势下，坚持科学的产业功能定位，形成产业链，最大限度地降低企业运行成本，从而实现人才与产业集聚的放大效应。

　　2015年，高新区实现技工贸收入432.65亿元，比上年增长17.22%；实现税收收入50.77亿元，同比增长21.9%，继续保持了两位数的良好增长态势。2016年1月实现税收9.17亿元，再创单月税收历史新高。高新区自建立以来已累计实现税收近250亿元，为本地区经济社会发展作出了突出的贡献。截至2015年年底，高新区入驻企业有883家，其中外资企业161家，内资企业722家；累计吸引合同外资30亿美元，外资投资总额58亿美元，内资250亿元人民币。

## 二、知识产权管理：到底管什么

### (一) 知识产权管理是如何发展起来的

1. 知识产权与企业发展

知识产权[①]是人们就其智力劳动的成果所享有的一项专有权利，其核心价值是人类创新发展所带来的市场竞争优势以及因此给社会进步所形成的推动力。所以，知识产权是一种生产要素，即在人类社会发展过程中形成的、任何人都可以享有的社会财富，又是一种有很强独占性或垄断性质的私有资产。[②] 从欧美发达国家的历史经验可以看出，知识产权制度对这些国家的科技创新和经济发展具有重要意义。威尼斯在1474年出版了世界上第一部专利法，赋予发明人对其发明享有一定期限的垄断权，以达到保护技术发明人和吸引人才的目的。16世纪末，意大利的科学复兴带来了经济的蓬勃发展，吸引了大量来自英国的年轻人来学习取经以掌握现代工业的技术成果和创新思想。17世纪以后，深受创新观念影响的英国新兴资产阶级在工业实践中借鉴意大利的发展经验，重视技术的引进、改进和创新，使得英国资本主义经济得到迅猛发展，而工业革命和科技创新的成果奠定了英国发展的基础。1624年，世界上第一部真正具有现代意义的专利法在英国诞生，该法确立了现代专利制度的基本原则和框架；1709年，英国《安娜法》出台，这意味着著作权制度在英国的确立。法国和德国在受启蒙哲学和理性精神

---

① 根据GB/T29490-2013《企业知识产权管理规范》的规定，知识产权是在科学技术、文学艺术等领域，发明者、创造者等对自己的创造性劳动成果依法享有的专有权，其范围包括专利、商标、著作权及相关权、集成电路布图设计、地理标志、植物新品种、商业秘密、传统知识、遗传资源以及民间文艺等。

② 参见陈昌柏：《知识产权经济学》，北京大学出版社2003年版，第1页。

影响的同时，继承了来自英国的经验，也采取了派遣留学生和创办各类技术学校等方法来构筑本国自主创新的人才基础，帮助创新人才在工业创新活动方面充分开发自己的个人技能和能力，并通过各种激励制度确保他们在经济利益上的合法权益。法国是世界上最早对商标、商号等知识产权采取立法保护措施的国家。由此可见，自产生之初，知识产权就是在市场竞争中诞生的权利，是以如何在经济增长中发挥效用，如何给创新发明人创造价值等作为其价值考衡标准的。知识产权制度旨在通过知识产权的运用和保护，鼓励发明创造，保障创新创造者的合法利益，最终达到促进科技进步和社会发展的目的。

18世纪中叶后，随着工业化生产的发展，企业逐渐取代个人成为市场经济活动的主体，企业不但成为知识产权创设的主要承担者，也是知识产权实施的主战场。知识产权日益成为企业发展的战略性资源和市场竞争的重要手段，知识产权管理逐渐成为企业管理的一项重要内容。

企业的知识产权管理是指为了规范知识产权工作，充分发挥知识产权制度的重要作用，促进自主创新和技术进步，推动知识产权的开发、保护、运营，由专门的知识产权管理人员利用法律、经济、技术等方式方法所实施的有计划的组织、协调、谋划和利用的活动。① 知识产权管理属于企业组织战略层面的内容。构建完整的知识产权管理机制，首先需要配备一套能够有效运行的知识产权管理机制，即在企业内部建立知识产权管理机构，为知识产权管理工作建章立制，明确机构知识产权工作的职责范围。其次需要建立一套知识产权的运行流程。一方面，

---

① 参见蒋坡主编：《知识产权管理》，知识产权出版社2007年版，第37页。

根据知识产权管理制度的要求，通过知识产权机构的工作，形成企业日常的知识产权管理工作流程，帮助企业通过知识产权运营增加知识产权价值；另一方面，根据企业遇到的知识产权突发事件，采取合理管理措施，有效预防风险或解决纠纷的专项工作。最后逐步形成企业的知识产权创新文化。企业文化是在一定的条件下，企业在生产经营和管理活动中所创造的具有该企业特色的价值观和认识论。企业文化是企业的灵魂，是企业稳定发展的核心保障。知识产权文化可以提升企业的自主创新意识，是企业综合、长远发展的内在动力源。

2. 我国企业与知识产权的关系

与国外企业知识产权的发展水平相比，处于经济后发之列的我国在知识产权的发展道路上起步较晚。在经济快速发展的同时，我国在很多制度和能力建设上并没有实现同步发展，就知识产权而言，企业存在很多认识上的空白和误区，运用知识产权的条件和能力也相对欠缺，导致知识产权工作开展步履维艰。

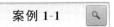

## 中小企业对知识产权的认识存在误区

A企业是一家科技型中小企业，由于资金和人员有限，A企业认为在现阶段不需要考虑知识产权的问题。因为，首先，A企业对知识产权制度不了解，也没有时间和人员去了解相关制度；其次，A企业拥有的知识产权数量有限，在获取、管理和保护知识产权的过程中不仅要耗费人力、物力，而且也很难取得明显的成效；最后，A企业认为其他公司对其知识产权侵权行为在某种角度上是一种反向肯定的行为，说明其技术具有一定的先进性，只要不给企业造成太大的损失就好。如果真的遇到那种侵权的客户，A企业认为只要在日后选择减少或不与其合作就行了。但是，A企业这种轻视知识产权的态度不但使其在申请高新技术企业的认定中遇到麻烦，在市场的激烈竞争中，也由于缺乏知识产权救济手段，遭遇同业竞争成本压力而面临发展困境。

随着我国知识产权制度的陆续颁布和实施，特别是我国加入世界贸易组织（WTO）以后，在全球经济一体化的发展背景下，我国企业已经完全介入国际竞争市场，在市场的淬炼中加深了对知识产权工作在企业技术创新和实力发展中重要性的认识和理解。作为市场活动的主要参与者，知识产权对企业而言不仅是自身竞争能力的体现，更是创造市场价值的核心武器。正是在知识产权作为商业资产价值日益得到体现的市场环境中，企业才逐渐体会到知识产权管理之于企业的重要意义，知识产权和其他企业资产一样都是企业资产的重要组成部分，在大力发展知识科技的态势下，知识产权的资产效应会在未来的企业发展中日益显示出来。但是，资产价值的开发、挖掘和提升，需要有效的经营、管理和保护。企业在有效开展日常知识产权工作，防范知识产权的风险，为企业创造更多的市场利益等方面都面临着市场陷阱和缺乏经验等诸多具体问题，需要通过知识产权管理来逐步落实和解决。

**（二）知识产权管理需要解决的问题**

由于企业情况不同，企业所采用的知识产权的管理模式也有所不同，如内设机构管理模式、外设机构管理模式和外包给专业机构管理模式等。这些管理模式尽管在结构架设、适用对象、赢利模式等方面要求不同，但无论哪种模式都应当具有知识产权管理的基本功能，主要体现在：

一是知识产权创新功能。自主知识产权的存量及其开发能力，是衡量一个企业竞争实力的最重要指标。许多企业为了保证技术创新的有序性，促进技术创新中的成果固定和知识产权保护，建立了对技术发明进行文字记录的制度，即要求科研人员在实验记录本上记录各种实验情况，不管是成功还是失败的。企业以此为基础，建立发明呈报制度，由科研人员定期向公司报告技术发明，并由企业的专利委员会或者专利小组对呈报表中的技术发明进行审核，以决定是否值得申报专利。① 这种实验记录和呈报表的定期化和制度化，一方面可以让企业对技术发明进行有效控制和充分利用，保证专利和商业秘密的连续产生机制；另一方面留存了企业研发某项技术成果的证据，为未来可能发生的知识产权纠纷获得法律保护提供了有效的证明。

二是知识产权激励功能。对企业知识产权管理者来说，行之有效的激励约束手段能够有效调动员工从事自主创新和技术变革，为企业开发和创造知识产权的积极性。这种激励约束手段需要相关机制来加以体现，如通过知识产权管理有效地调整企业与员工之间关于知识产权资产的权利义务关系，完善奖酬分配以及未来收益获取分配制度，将企业知识产权工作的质量作为技术人员晋升职称和工资的标准等，从而实现这一功能。

---

① 参见包海波：《美国企业知识产权的管理构成及其特征分析》，载《科技管理研究》2004年第2期。

三是知识产权运营功能。企业以市场为导向，通过知识产权管理，以知识产权的许可、转让、融资、自行使用等方式完成知识产权的组织化、产品化和商品化，实现知识产权的市场价值。这一功能可将知识产权从法律资源转化为商业资源，是企业知识产权管理的目标之所在。

四是知识产权风险预警功能。由于知识产权是一项法定权利和垄断权利，严重依赖法律定制，因此，有效规避知识产权的法律风险，防止侵犯他人知识产权成为企业知识产权管理的重要功能。例如，通过日常跟踪监督可以预测、评估在知识产权的研发、申请、授权、运营等过程中可能遭遇的法律风险和商业风险，及时采取措施加以避险或保护。在创新机制中有关知识产权的评审，在保护机制中知识产权档案的建立、对合作方和员工的合同约束等都是这种预警功能的反映。

五是知识产权事务处理功能。知识产权管理主要是指知识产权的日常管理工作，包括知识产权工作例会、研发成果登记、研发成果申报审查、知识产权申请和缴费、知识产权合同管理、知识产权信息录入和档案归类、商业秘密管理等。企业知识产权机构通过这些知识产权的日常事务性工作逐步完成企业知识产权资产的积累。

六是知识产权人才培养功能。在知识产权管理中，一方面吸收其他企业或人员的成功经验，总结教训和失败，避免企业重复缴纳学费；另一方面应在模仿、引进、借鉴的基础上，根据企业的自身特点创新发展，建立起满足企业发展需要的知识产权管理机制。在这一过程中，既在企业上下普及了知识产权知识，提升了知识产权意识，同时也锻炼培养了企业知识产权的专业管理人才，提高了知识产权管理水平。

七是知识产权争议解决功能。在知识产权管理中，管理人员要积极识别市场中其他企业的各类侵权违法行为,通过多种争端解决方式来制止侵权违法行为,维护企业的知识产权利益。知识产权保护是知识产权管理的安全阀,一旦纠纷无法避免,采取合理措施止损是实现企业无形资产保值、增值的逆向途径。

任何经营模式都是一种适应组织在为所有参加者创造价值时所采取的运营形式、各种制度和操作规范的总和。经营模式的本质,就是一套持续接受市场考验的理论。[①] 企业知识产权管理模式的选择要以知识产权管理的基本功能为基础,了解企业自身所处产业的地位和发展目标,掌握产业未来的发展趋势,趋利避害,结合企业发展战略和阶段,确定合适的管理模式,从而实现知识产权资产的利益最大化。

**企业知识产权管理的绩效考核指标汇总**

| 指标名称 | 内容 |
| --- | --- |
| 企业基本面 | 所属产业和行业 |
| | 企业盈利和税收 |
| | 企业的行业地位和影响力 |
| 机构和制度 | 企业领导的重视程度及全员参与程度 |
| | 知识产权机构设置 |
| | 知识产权人才的配备 |
| | 知识产权制度的建设 |

---

① 参见袁建中:《企业知识产权管理理论与实务》,知识产权出版社 2011 年版,第 30 页。

（续表）

| 指标名称 | 内容 |
|---|---|
| 知识产权创造 | 有效知识产权的授权数量和拥有量 |
| | 知识产权的申请数量和产出量 |
| | 知识产权的研发投入及占比 |
| | 知识产权的国外申请量 |
| 知识产权实施 | 知识产权的实施率 |
| | 知识产权的许可和转让 |
| | 知识产权的收入 |
| | 知识产权的金融活动 |
| 知识产权保护 | 知识产权的预警管理和保护 |
| | 知识产权的诉讼和仲裁 |
| | 知识产权的中介平台 |
| 知识产权宣传 | 开展知识产权的内部宣传和培训 |
| | 参加社会知识产权宣传活动 |
| | 知识产权的公益活动 |
| 知识产权人才 | 开展和参加企业内外的知识产权培训 |
| | 引进、培养知识产权的专业人才 |
| | 知识产权的合作 |
| 知识产权工作方案 | 知识产权的工作目标 |
| | 知识产权的战略规划和策略措施 |
| | 知识产权文化建设 |

## 三、高新区如何开展知识产权管理

### （一）高新区对知识产权管理的需求

高新区是我国发展高新科技产业的重要基地，作为国家知识产权战略实施的主要实体之一，围绕国家"创新驱动、转型发展"的要求，高新区需要在完善知识产权创新基础设置、制度体系和服务体系建设，营造良好的知识产权保护氛围，探索运用知识产权能力来提升高新区企业发展质量的有效途径，建立高新区知识产权创新发展的动力系统等方面开展更多的知识产权工作，为高新区企业在自主创新、提升市场竞争力以及高新区产业集群发展上提供更加有力的支持。

高新区作为政府宏观管理和企业微观发展的纽带，通过高新区这一平台的知识产权管理和服务功能，整合区内企业知识产权资产，帮助区内企业开展知识产权的创新、产业化和集群化，促进高新技术产业的发展，完成国家创新发展的任务要求。高新区的知识产权管理既是政府的公共管理的延伸，即为高新区内企业提供必要的知识产权公共服务，积极引导、落实国家知识产权战略推进政策，开展知识产权的社会宣传、教育和培训，培育知识产权试点、示范企业等，在高新区的局部范围内实现国家、地方知识产权战略推进计划的具体目标；同时也是市场化竞争的中介服务平台以及资源整合的渠道，即为高新区企业提供包括知识产权确权、维权，知识产权代理、许可、转让、评估、咨询、培训、信息分析、融资、诉讼等相关内容的服务和途径。

在我国创新型国家的发展建设中，高新区的定位和负载的任务对知识产权管理提出了新的要求。一方面，随着《国家知识产权战略纲要》发展目标的明确，贯彻落实《深入实施国家知识产权战略行动计划（2014—2020年）》中的具体任务成为高新区知识产权工作的重要内容。高新区的知识产权管理应围绕知识产权战略中对试点、示范园区的指标要求，通过试点、示范高新区的建设方案，构建与高新区相适应的知识产权服务体系，构建激励知识产权创造和促进知识产权有效运用的工作机制，营造亲商安商的知识产权保护环境，通过提升高新区知识产权的创造、管理、运用和保护的水平，促进高新区企业知识产权战略的实施，并成为国家、地方知识产权战略推进的有力实施者。

另一方面，为促进高新区企业的产业集群式发展，高新区知识产权管理需要根据产业集群梯次发展不同阶段中高新区企业自身自主创新能力水平的高低而产生的差异化知识产权诉求，提供分类菜单式的知识产权服务内容来满足相应的需要，从而为实现高新区发展目标提供保障。例如，在"集中"阶段，进入高新区的企业地理扎堆，自主创新能力较低，区内企业多表现为对知识产权申请的创量诉求；在"集聚"阶段，随着知识产权存量的上升，高新区企业出现拥有高质量知识产权的创质诉求；在"集群"阶段，完成了对知识产权量和质的积累后，高新区产业对企业知识产权商业化的财富诉求逐渐增强，以谋求高新区知识产权经济效应与产业链群效应协同提升。[1] 在园区企业、产业的不同步发展中，高新区需要提供尽可能全面的知识产权管理菜单内容，使得不同企业可以在条件、形势允许的情况下，挑选符合自己发展需要的知识产权服务内容，使得高新区可以达到帮助企业开展知识产权工作，构筑高新区企业、产业的知识产权竞争力的目的，夯实高新区的知识产权实力，实现高新区产业转型升级的发展目标。

(二) 高新区知识产权管理的发展现状

我国高新区是改革开放的产物，随着市场的不断扩大，高新区规模得到了快速的发展。1988年国务院批准成立北京市新技术产业开发试验区，鼓励和引导广大科技人员科技创业，推

---

[1] 参见杨晨、夏珏、施学哲：《园区知识产权管理与服务模式：内涵、特征与进路》，载《学术论坛》2012年第3期。

动高新技术产业化。在我国市场经济条件逐步建立、完善的背景下，政府各项政策措施持续出台，得益于高新区企业和产业的集中、集聚、集群发展带动，高新区经济得到了较好的发展。高新区发展理论认为，高新区的发展主要是由"市场、企业、风险投资、孵化器、政府、大学科研机构"六大要素决定的，其中，知识产权对这些要素的影响日益加深，因而对高新区发展具有越来越重要的意义。这主要反映在高新区企业的自主创新意识和能力得到大幅度提高，以发明为主的专利数量大幅提升，以专利为核心的标准和重大技术创新成果持续涌现；逐步形成了一整套行之有效的知识产权组织体系和服务机制，健全了知识产权政策体系，改善了创新创业环境；推动建立了知识产权交易平台和知识产权公共服务机构，整合知识产权资源使得社会效益扩大化；引进了海外各类高端人才，在市场上锻炼强化了知识产权人才队伍；创新技术的辐射能力大大增强，发挥了高新区的引领、辐射和示范的作用。由于我国高新区发展和知识产权管理推广起步较晚，与国外发达国家的发展水平相比，知识产权的质和量仍有不小差距，对创新价值的认识和挖掘还有待进一步提高。例如，2015年，国家高新区内企业研发经费支出达4521.6亿元，占全国企业的31.8%，全部研发投入占生产总值的比重达5.5%，是全国平均水平的2.6倍。同时，科技部统计显示，国家高新区内目前共有从业者1719万人，其中52.9%拥有大专以上学历，另有82.2万名硕士、8.9万名博士。[1]

---

[1] 参见《高擎起科技创新的"火炬"——国家高新区建设发展综述》，http://www.most.cn/xinwzx/mtjj/ztjj/2016zt/gjgxqdyx/201607/t20160726_126771.htm，2016年8月24日访问。

当前，我国已经成为世界第二大经济体，作为我国经济发展重要载体的高新区，需要在规划建设管理中重视知识产权战略对企业和产业影响的经验研究，根据企业和产业要求细化高新区知识产权服务平台的功能，引进、建立面向企业、以市场为导向的知识产权资源储备和中介服务市场，帮助企业建立适应企业发展需要的知识产权管理和保护模式，为高新区营造更好的科技创新环境，这将成为高新区提供配套服务和日常管理工作的重要内容。

**资料 1-3**

## 紫竹国家高新技术产业开发区的知识产权发展现状

紫竹国家高新技术产业开发区的发展呈现出体制机制创新不断推进，服务效能不断提升；科技创新驱动力不断增强，创新创业空前活跃；产业集群明显，产业规模与经济效益同步增长；开发建设加快，项目开工再创新高；配套建设逐渐完善，高科技新城日趋形成的局面。截至2015年年底，高新区累计的专利申请量约为17390件，其中发明专利约16040件，约占总申请量的92%；专利授权量为9236件，其中发明专利7888件，约占总授权量的85%。同时，高新区内企业（不含高校）从业人员达到3万余人，其中大专以上学历超过78%，本科以上学历超过60%，硕士以上学历占比达20%，形成了完整的从面向研究的中高级教研人员、博士和硕士研究生到面向应用的高、中等工程技术专科人才的高中低人才梯队，为自主创新提供了强有力的人才保障。

我国在国家知识产权战略的推进下建设各级各类科技创新中心，需要重视和发挥高新区的作用，强化知识产权在其中的经济含量，提升知识产权价值在高新区经济中的贡献率，构建满足高新区企业和产业在知识产权资源、服务和发展上的诉求机制，贯彻落实各级政府部门在国家知识产权战略推进中的引导、扶持、监管政策措施，优化高新区知识产权管理和服务水平，彰显高新区的创新高地特色，建设具有高新区管理客体的产业导向化、管理行为的资源整合化、服务供给的市场专业化的优势高新区知识产权管理思路。2016年是我国"十三五"规划的开局之年，也是深化知识产权领域改革、加快知识产权强国建设的关键一年。高新区的知识产权管理要围绕高新区区内企业的需求和产业特色，不断夯实知识产权工作基础，充分发挥知识产权对高新区发展的支撑作用。

# 第二节　知识产权管理与知识产权托管

## 一、知识产权管理与知识产权托管的关系

### （一）什么是知识产权托管

知识产权托管没有法定概念，参与托管的各方从自己的立场和角度对其进行了定义。有人认为，在中小企业集聚区开展知识产权托管工作，就是要通过引进优秀中介服务机构提供专业化服务，着力解决集聚区内中小企业专利管理人员稀缺、能力不足的问题。[①] 有人则认为，知识产权托管就是受企业全权委

---

① 参见《知识产权"入托"实现三方共赢》，载《中国知识产权报》2012年5月18日第3版。

托,以企业主人翁的心态为企业提供知识产权内容的专业服务工作。① 在《中小企业集聚区知识产权托管工作指南》中,知识产权托管是指将企事业单位对知识产权管理的需求与知识产权服务机构专业化的服务相结合,在严格保守企业商业秘密的前提下,企业委托服务机构管理其全部或部分知识产权相关事务,为企业量身定制一揽子服务的工作模式。② 由此可见,从企业角度来看,知识产权托管是一种知识产权委托管理的行为;在知识产权服务机构看来,这是根据企业的要求,为企业提供的一项知识产权服务行为;从政府管理角度分析,开展知识产权托管是综合社会知识产权服务资源的专业能力,帮助企业开展知识产权管理工作,充分挖掘企业知识产权资产价值,从而实现企业转型发展目的的一项知识产权措施。

如果仅从字面意义来理解知识产权托管,很多人会觉得,知识产权托管不过是一种名词游戏,落于以往各种措施和方法的窠臼。因此,只有从最终目的的高度来加以概说,才能使知识产权托管这一说辞区别于其他相关的提法,从而具有真正独立的意义。本书认为,知识产权托管是一种资产管理行为,是权利人(如企事业单位、个人等)根据需要,把自己所拥有的知识产权委托给专业的知识产权服务机构,让其代为开展相应的经营管理,使得知识产权的价值保值增值的一种资产经营行为。这是权利人为了更加高效方便地实现自己的资产利益,给自己的知识产权资产找了一个合法的"管家"的管理模式。

---

① 参见代月强:《知识产权托管:企业走向成功的通道》,载《发明与创新(综合版)》2008年第7期。
② 参见国家知识产权局、工业和信息化部发布的《中小企业集聚区知识产权托管工作指南》第1条。

在知识产权托管这种模式中,知识产权权利人往往是托管企业,作为被托管方,根据企业自身的发展需要,在相关法律法规的规定下,与作为托管方的知识产权托管机构签订托管服务协议。根据协议条款,托管方有权利和义务代表企业开展各项知识产权业务,为托管企业获取资产收益并收取托管费用。知识产权托管模式的创立,可以帮助不少拥有知识产权的企业在面对市场竞争时,作出正确、快速、有效的反应,推动企业技术创新工作的进展。所以,知识产权托管是一种确保企业的知识产权得到有效运营和保护的有效手段,即在法律法规的调整范围内,知识产权托管可以帮助企业有效开展知识产权的经营管理和法律保护工作,从而使得企业特别是中小企业得以更好地维护知识产权权益。

知识产权托管作为一种知识产权资产的管理模式,具备以下特征:

(1) 专业性。知识产权工作具有业务专业性强的特点,知识产权托管正是通过具有社会认证资质的专门的知识产权服务机构来实施的,因而可以保证知识产权托管工作上的职业性和标准化。

(2) 便捷性。知识产权托管实行统一管理和全方位服务,克服了企业知识产权管理权利划分、类别分割等弊端,起到了方便快捷的作用。

(3) 经济性。知识产权托管可以整合运用现有的公共资源平台,节省企业人力、物力,还能实现信息交流、互相借鉴等功能,极具经济性。

(4) 综合性。知识产权托管机构可以把企业内部管理和司法行政管理结合起来,在企业内部进行微观管理的同时,还能运用各类公共管理措施进行宏观管理，构筑知识产权的综合保护体系。

（5）交流性。由于知识产权托管机构往往具有较多的知识产权管理的服务平台和资源，因而能够为企业提供各类知识产权的信息交流、咨询途径，也能够及时提供各类知识产权的服务手段，从而极大地帮助企业提升知识产权管理质量。

**（二）知识产权托管与知识产权管理的关联**

在科技创新发展的时代背景下，企业资产的形态正由重资产向轻资产的构成转变，价值从有形的物质资产向无形的知识资产转移。随着企业知识产权作为无形资产的财产地位不断得到固化和提升，知识产权管理工作的重要性日益凸显，演变成为企业管理不可缺少的组成部分。企业通过市场竞争不断调整自身知识产权发展的战略规划和策略措施，对知识产权的管理模式进行了合理的探索和应用，时至今日，已经成功地探索出许多不同类型的知识产权管理模式，而知识产权托管正是一种被实践证明为行之有效的知识产权的管理方法。

知识产权托管依托于知识产权管理工作，根据托管企业的要求和特点，建立起具有特色的知识产权工作内容，从而为企业创造财富价值。托管工作主要涉及：为企业的知识产权战略制定和实施提供专业方案；协助企业开发、完成自主知识产权，差次性地实现知识产权资本运营；培训企业知识产权经营管理人员；对企业的知识产权申请、确权等权利建设事务提供建议和决策，协助完成日常知识产权事务性工作；完善、监督、落实企业内部的知识产权自我管理工作；监测及侵权预警，对侵权及时进行调查、取证，保护企业知识产权；帮助企业实施品牌战略、标准化工作、商业秘密保护、专利联盟等。知识产权托管模式可以激发企业的知识产权意识、创新意识,帮助企业关注知识产权资产经营,使得企业可以掌握知识产权的核心资源,帮助企业在未来的科技化、网络化和全球化竞争中占据主动,因此,知识产权托管是企业知识产权管理的一种重要形式。

知识产权托管作为一种知识产权资产的经营管理方式,仅是知识产权管理的一种形式。从本质上说,两者都是对企业的知识产权事务进行管理,但两者并不能等同:一是从外延上说,知识产权管理覆盖面广,是包含知识产权托管在内的多种知识产权管理方式的总称,而知识产权托管仅是知识产权委托管理的一种方式。二是从内涵上说,知识产权管理包含的工作内容多种多样,包括但不限于知识产权的研发、申请、评估、转让、投资、质押、保护等多项知识产权活动;知识产权托管则是基于受托人的委托,在管理业务范围内开展部分或全部的知识产权管理工作。

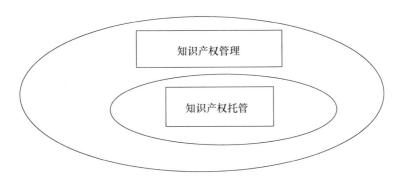

**图 1-1　知识产权管理与知识产权托管**

知识产权托管是将企业对知识产权管理的需求与知识产权服务机构的专业化服务相结合,由知识产权服务机构管理企业全部或部分知识产权资产的一种知识产权管理模式。建立知识产权托管,一是可以激发企业的创新动力,引导企业认识到知识产权不仅仅是一项法律权利,更是企业宝贵的商业资产,从而把企业的生存发展和参与竞争的长远目光投向掌握核心知识产权;二是可以成为政府有效推动企业特别是中小企业知识产权工作,促进企业更好地积累、开拓知识产权资源,促进知识产权市场化、产业化发展的手段;三是帮助知识产权中介机构等各类服务机构拓展了业务范围,实现知识产权高端服务业的发展。

## 二、高新区的中小企业知识产权托管

在国家制度政策的引导下,我国高新区多年来坚持创新驱动,科技引领,以发展新兴、高端产业和建设国家创新型产业集群为抓手,不断优化创新环境、丰富创新载体、聚集创新资源,高水平推进高新区发展,特别是引导扶持区内中小企业集群迅速壮大。其中,做好高新区的中小企业的发展工作对高新区的发展具有重要意义。通过知识产权托管帮助企业特别是中小企业开展知识产权工作,是高新区支持区内企业知识产权工作的重要手段。

### (一)高新区中小企业发展的状况

1. 中小企业的界定标准

"中小企业"是对小规模企业的统称。从理论上讲,如果一个企业的规模较小,处于起步阶段,且这种企业的规模在行业规定标准之下,就可以把它们称作"中小企业"。中小企业应当具备以下特点:(1)独立经营管理,企业所有权与经营权不分离;(2)通常不以发行股票等途径筹措外部资金,而是通过商业信用等途径筹集资金;(3)企业规模和市场占有份额相对较小;(4)与区域经济有着密切的联系,活动范围主要在地方市场。一般而言，企业员工总数、营业总额、资本和资产总额等是考量企业规模的重要依据。

早在 2003 年施行的《中小企业促进法》第 2 条就明确规定："本法所称中小企业，是指在中华人民共和国境内依法设立的有利于满足社会需要，增加就业，符合国家产业政策，生产经营规模属于中小型的各种所有制和各种形式的企业。中小企业的划分标准由国务院负责企业工作的部门根据企业职工人数、销售额、资产总额等指标，结合行业特点制定，报国务院批准。"

2009 年由国家商务部、财政部、发改委及统计局等共同颁布的《中小企业标准暂行规定》明确规定了中小企业的界定标准。[①] 2011 年，国家工业和信息化部、统计局、发改委、财政部研究制定了《中小企业划型标准规定》，取代了《中小企业标准暂行规定》。

表 1-1 我国企业的划分标准

| 行业名称 | 指标名称 | 单位 | 中型 | 小型 | 微型 |
|---|---|---|---|---|---|
| 农、林、牧、渔业 | 营业收入（Y） | 万元 | 500≤Y<20000 | Y<500 | Y<50 |
| 工业* | 从业人员（X） | 人 | 300≤X<1000 | 20≤X<300 | X<20 |
| | 营业收入（Y） | 万元 | 2000≤Y<40000 | 300≤Y<2000 | Y<300 |
| 建筑业 | 营业收入（Y） | 万元 | 6000≤Y<80000 | 300≤Y<6000 | Y<300 |
| | 资产总额（Y） | 万元 | 5000≤Y<80000 | 300≤Y<5000 | Y<300 |
| 批发业 | 从业人员（X） | 人 | 20≤X<200 | 5≤X<20 | X<5 |
| | 营业收入（Y） | 万元 | 5000≤Y<40000 | 1000≤Y<5000 | Y<1000 |

---

① 参见邹晶竹等：《浅析我国中小企业的法律界定》，载《时代教育》2012 年 1 期。

(续表)

| 行业名称 | 指标名称 | 单位 | 中型 | 小型 | 微型 |
|---|---|---|---|---|---|
| 零售业 | 从业人员（X） | 人 | 50≤X＜300 | 10≤X＜50 | X＜10 |
| | 营业收入（Y） | 万元 | 500≤Y＜20000 | 100≤Y＜500 | Y＜100 |
| 交通运输业* | 从业人员（X） | 人 | 300≤X＜1000 | 20≤X＜300 | X＜20 |
| | 营业收入（Y） | 万元 | 3000≤Y＜30000 | 200≤Y＜3000 | Y＜200 |
| 仓储业 | 从业人员（X） | 人 | 100≤X＜200 | 20≤X＜100 | X＜20 |
| | 营业收入（Y） | 万元 | 1000≤Y＜30000 | 100≤Y＜1000 | Y＜100 |
| 邮政业 | 从业人员（X） | 人 | 300≤X＜1000 | 20≤X＜300 | X＜20 |
| | 营业收入（Y） | 万元 | 2000≤Y＜30000 | 100≤Y＜2000 | Y＜100 |
| 住宿业 | 从业人员（X） | 人 | 100≤X＜300 | 10≤X＜100 | X＜10 |
| | 营业收入（Y） | 万元 | 2000≤Y＜10000 | 100≤Y＜2000 | Y＜100 |
| 餐饮业 | 从业人员（X） | 人 | 100≤X＜300 | 10≤X＜100 | X＜10 |
| | 营业收入（Y） | 万元 | 2000≤Y＜10000 | 100≤Y＜2000 | Y＜100 |
| 信息传输业* | 从业人员（X） | 人 | 100≤X＜2000 | 10≤X＜100 | X＜10 |
| | 营业收入（Y） | 万元 | 1000≤Y＜100000 | 100≤Y＜1000 | Y＜100 |
| 软件和信息技术服务业 | 从业人员（X） | 人 | 100≤X＜300 | 10≤X＜100 | X＜10 |
| | 营业收入（Y） | 万元 | 1000≤Y＜10000 | 50≤Y＜1000 | Y＜50 |
| 房地产开发经营 | 营业收入（Y） | 万元 | 1000≤Y＜200000 | 100≤Y＜1000 | Y＜100 |
| | 资产总额（Z） | 万元 | 5000≤Y＜10000 | 2000≤Y＜5000 | Y＜2000 |
| 物业管理 | 从业人员（X） | 人 | 300≤X＜1000 | 100≤X＜300 | X＜100 |
| | 营业收入（Y） | 万元 | 1000≤Y＜5000 | 500≤Y＜1000 | Y＜500 |
| 租赁和商务服务业 | 从业人员（X） | 人 | 100≤X＜300 | 10≤X＜100 | X＜10 |
| | 资产总额（Z） | 万元 | 8000≤Z＜120000 | 100≤Z＜8000 | Z＜100 |
| 其他未列明行业* | 从业人员（X） | 人 | 100≤X＜300 | 10≤X＜100 | X＜10 |

注：带＊的项为行业组合类别

《中小企业划型标准规定》把我国中小企业根据企业从业人员、营业收入、资产总额的标准，划分为中型、小型、微型三种类型。由于我国人力资源数量优势以及经济发展基础相对薄弱，我国更多依赖定量而非定性标准来界定中小企业。目前，中小企业数量占据了我国企业数量的近99％。

2. 高新区中小企业状况

中小企业常被认为是经济体系中的"草根阶层"，它在支撑经济增长、促进科技创新、安置人员就业、增加国家税收等方面发挥着重要作用。[①] 然而，中小企业在现实发展中始终面临着集约化低、产业链不全、融资难、公平竞争环境差等诸多问题，国家虽然出台了一系列扶持和激励中小企业的政策，但是由于受到覆盖面、落实度等因素的限制，并不能完全改善和解决中小企业的困境。而高新区具备集聚、资源、孵化、服务等多项功能，恰好可以为中小企业解决上述问题提供足够的渠道和方法，是中小企业发展的一个突破口。事实上，改革开放以来，我国中小企业的发展已经呈现出明显的高新区化趋势，大量中小企业，特别是中小科技企业依托高新区的平台优势，在一定程度上解决了企业自身的发展困境。

现在的高新区大都设有孵化种子期企业的创业中心，所谓种子期企业，就是我们通常所说的小微企业。这些小微企业在度过种子期后就会进入中小企业阶段。因此，创业中心不但可

---

① 根据《国务院关于进一步促进中小企业发展的若干意见》的规定，中小企业是我国国民经济和社会发展的重要力量，促进中小企业发展，是保持我国国民经济平稳较快发展的重要基础，是关系民生和社会稳定的重大战略任务。

以完善高新区的高新科技①产业生态，填补高新区高新技术产业链的空白，带来新的商业模式和新的技术潮流，而且其良好的孵化器运作，还能持续引入人才、资金及相关资源，从而增强高新区的产业集聚吸引力，完善产业链，特别是通过孵化经营最终培育出来的中小企业，往往是市场、国家战略性新兴产业所需要的新兴企业。这些中小企业在高新区中快速成长，最终可以成为高新区科技产业的中坚力量，并形成高新区高新科技产业的聚集发展。

### 资料1-4

紫竹新型孵化器依托紫竹国家高新技术产业开发区的产学研三位一体的优势以及知名高校、世界500强、大型国企等产业集群优势，突破传统孵化器的思维束缚，强化创业服务意识，通过线上与线下、孵化与投资相结合，众创空间＋基础扶持＋接力扶持＋天使投资的多步走方式，打造多维度立体化的创业孵化器。4000＋平方米创业孵化基地，为初创企业、初创团队和创业者提供低成本、便利化、全要素的创新创业综合服务。从体制机制、科技创新体系、产业布局、人才培养和集聚、产学研合作、创业服务平台等方面着手，全方位打造"具有全球影响力的科技创新中心"。

---

① 1991年，原国家科技部规定科技管理部门在下列范围内确定为高新科技：(1)微电子和电子信息技术；(2)空间科学和航空航天技术；(3)光电子和光机电一体化技术；(4)生命科学和生物工程技术；(5)材料科学和新材料技术；(6)能源科学和新能源技术；(7)生态科学和环境保护技术；(8)地球科学和海洋工程技术；(9)基本物质科学和辐射技术；(10)医药科学和生物医学工程技术；(11)其他在传统产业基础上应用的新工艺新技术。

当前，我国正在大力开展"大众创业、万众创新"的"双创"活动，"打造众创、众包、众扶、众筹平台，构建大中小企业、高校、科研机构、创客多方协同的新型创业创新机制"[①]。其中，高新区在提供"四众"的优化劳动、信息、知识、技术、管理、资本等资源的配置方式上具有较大的优势，它不但为社会大众广泛平等参与创业创新、共同分享改革红利和发展成果提供了更好的平台，而且对高新区自身以及高新区内中小企业的发展提供了更多元的途径和更广阔的空间。通过高新区这一平台，"双创"活动一方面可以推进科技资源开放贡献，打通科技成果转化的通道，鼓励各类创新成果直接应用于创业，释放科技人员的创新活力；另一方面，还可以重点引导新兴科技产业发展，引领万众向高科技方向创新，带动大众向高科技新兴产业上创业汇聚，从而促进我国经济深层次上转型升级。

**（二）中小企业开展知识产权托管的应然性**

1. 知识产权托管适合中小企业知识产权工作的需要

企业建立知识产权管理制度，通常会涉及管理成本的增加，很多企业特别是中小企业当处于初创阶段时，人员少，研发规模不大，所支出的管理成本与可能获得的效益不成比例，即成本支出远远大于所产生的效益，从而导致即使是一些与知识产权密切相关的中小型企业，也需要考虑如何解决在企业内部建立知识产权管理机构及其管理制度满足知识产权工作需要与缩减成本、维持企业生产的经营性问题。

统计数据显示，目前我国约有超过65%的发明专利、超过80%的新产品来自于中小企业，但同时，又有80.2%的中小企

---

[①] 2016年《政府工作报告》。

业没有知识产权部门，88.5%的企业是没有专利交易的。① 大量的中小企业一方面拥有技术创新的优势，另一方面又很难以在既有的企业体制中增加专职人员来负责统筹规划的知识产权管理工作，或提供额外的经费以教育、培训企业员工掌握知识产权的申请及保护方面的知识，从而面临无法有效经营管理和保护知识产权的局面。中小企业在建立知识产权管理制度和体制上存在诸多困难，与此同时，知识产权又是中小企业发展壮大的关键力量，对一些科技型企业来说具有举足轻重的作用。因此，在考衡是否需要花费额外成本来建立知识产权管理制度和流程上，企业在首先满足生存发展的前提下，不得不考虑投入研发、形成、管理、维持知识产权的成本与这些知识产权在企业未来的发展及增加竞争能力上所能作出贡献之间的性价比。建立知识产权管理制度，表面上是建立起一套管理知识产权资产的制式化系统，实质上是为企业寻找合适的知识产权生产机制，目的是最终达到企业知识产权资产经营利益最大化的目的。知识产权管理方式不一而足，知识产权管理的需求也有很多不同，企业生产经营的损益点可以通过调整资产收益和成本支出来加以平衡，知识产权托管往往被认为是一种最适合中小企业的知识产权管理模式。

  随着知识产权市场化、产业化的发展，符合企业特别是中小企业知识产权管理需要的知识产权托管应运而生。知识产权托管之于中小企业的知识产权管理具有特别的意义，是由中小企业自身特点及在发展中的弱势地位所决定的：

---

① 资料来源：http://ip.people.com.cn/GB/11473249.html，2012年11月6日访问。

（1）中小企业整体规模较小，稳定性较差，抗风险能力较弱，同时还存在信息资料不够完整、财务报表数据不规范、经营者诚信意识不强等问题。部分中小企业生产技术水平不高，创新不足，产品技术含量较低，附加值小，在市场竞争中容易遭到冲击。

（2）中小企业有效担保物不足。中小企业经营规模较小、抗风险能力较弱，为确保风险控制，银行在中小企业融资中往往除了企业已有的轻资产外，比较看重第二还款来源，即传统的有效抵、质押品。但由于中小企业积累少，并不能有效提供自有房地产作为抵、质押。

（3）中小企业财务不透明，无法合理评估。中小企业经营和财务信息不透明是目前影响企业价值评估的重要原因。就书面反映的财务信息来看，相当部分中小企业账面利润率较低，在银监部门"三法一指引"[①]下测算的资金需求较小，无法满足实际资金需求。同时，大部分银行均需对公司授信客户进行评级，较差的财务报表致使大部分中小企业无法达到银行授信客户评级最低准入门槛。

（4）中小企业在资本市场的直接融资渠道仍有待拓宽。直接融资是解决企业融资的一个重要渠道，但目前由于通过直接融资渠道融资在企业资质、程序审核等方面要求较高，直接融资对于大部分中小企业来说，仍有很多困难。

中小企业自身的这些问题，在知识产权创新创造过程中就变成了企业发展的掣肘。在中小企业中推行知识产权托管，目

---

① 指《固定资产贷款管理暂行办法》《流动资金贷款管理暂行办法》《个人贷款管理暂行办法》《项目融资业务指引》。

的在于通过为中小企业提供发展所需要的知识产权专业性管理和服务，最终实现中小企业的知识产权资产利益最大化。对中小企业而言，采用知识产权托管，可以及时获取知识产权相关研发信息，在科技研发中规避风险；控制市场风险，在知识产权交易、维权等市场活动中获得更多经济利益；有效挖掘、培植知识产权资产及其价值，开展知识产权的投融资活动；突破中小企业知识产权管理人才特别是专利代理人才短缺的困境，使企业及时获得知识产权代理服务，从而节省人力成本，提高人才的利用效率。中小企业把自己并不熟悉的知识产权管理工作委托给专门的托管机构，企业自身则可以专心从事企业创新创业活动，有助于降低中小企业的经营和管理成本。所以，在知识产权托管中，中小企业内修技术创新，外靠专业服务，克服资金短缺、人才缺乏、成本提升等中小企业发展所面临的普遍问题，不失为绕开企业原有知识产权经营思路的一种行之有效的新途径。

2. 中小企业的知识产权托管工作试点

尽管中小企业的经营范围各不相同，但对中小企业而言，在知识产权托管之初，工作内容明确，目的要求也比较简单，往往就是知识产权服务的基本内容。知识产权托管机构采取定时、定项的服务形式就可以完成包括知识产权的检索、查询、代理、申请、缴费和保护等诸项基础工作内容。事实上，我国在各地开展的知识产权托管工作试点就是以这种方式起步的。

目前，各地中小企业集聚区的知识产权托管工作已经顺利展开并取得了一定的成绩。其中，北京、上海、天津、重庆、武汉、长沙、苏州、扬州等地结合地方特点，开展了各具特色的中小企业集聚区知识产权托管试点工作。这些试点工作由各地政府和知识产权局牵头,在孵化器等科技企业集中的高新区逐步推进,由政府牵线,高新区领头,将知识产权托管机构引入驻高新区的孵化中心或服务中心,由高新区免费提供办公场所,政府给予高新区和知识产权托管机构一定的补贴,以此降低知识产权托管公司的运营成本,以低于市场价的价格为高新区内的企业提供知识产权托管的服务。

**资料1-5**

在浙江嘉善县的知识产权托管试点[①]中,当地政府通过知识产权服务中心开展了不同类型的知识产权托管。一是以公益性质对中小微企业采取"一揽子托管"方式。"一揽子托管"主要是指知识产权服务中心对当地产业的专利技术分布特点进行整理归集并跟踪行业专利技术发展动向,实现专利技术的预警和维权。二是对年产值超亿元的行业龙头企业和规模较大的科技创新型企业采取"放牧式"知识产权托管。知识产权服务中心在行业专利技术发展动向和战略制定等大方向上为企业提供参考意见,鼓励企业建立专利数据库。统计数据显示,当地的入托企业达到193个,占嘉善县所有参加专利相关活动企业的73.7%;企业职务申请专利占总申请量的比例超过50%;品牌战略扎实推进;知识产权托管服务体系建设取得了一定的成就。

---

① 参见吕可珂:《聚焦嘉善知识产权托管工作》,载《发明与专利》2012年第8期。

# 第三节 高新区开展知识产权托管的意义

知识产权管理之于高新区的重要性在当下已经毋庸置疑，在未来的发展只会更加重要。而基于高新区企业类别百态，产业发展不一的情况，知识产权托管对于高新区更好地开展和完善知识产权管理的相关工作有着特殊的意义。

## 一、高新区需要知识产权托管

### （一）扶持中小企业发展的需要

高新区有很多从事创新创业的中小企业，现在的大企业事实上很多也都是由中小企业发展而来的。国家经济竞争不仅仅是大企业之间的竞争，那些奠定国家经济基本面的中小企业由于容纳了社会绝大多数的劳动力，其集群构成高新区发展的基石，所以，高新区为高新区中小企业特别是科技型中小企业提供知识产权托管是高新区扶持中小企业，促进区内高新技术产业发展的重要手段。由于任何风险对于中小企业造成的伤害都可能是致命的，因此，为高新区中小企业特别是科技型中小企业提供适合这些企业发展需要的知识产权管理服务有助于帮助这些企业顺利成长。

对中小企业而言，知识产权管理并非企业发展面临的主要问题。对中小企业开展知识产权管理而言，主要有以下三大问题：（1）"三无"的现象。因为受企业规模和资金限制，大部分的中小企业并未配备知识产权部门或专业人员，造成在知识产权管理与运营上无投入、无部门和无人员的处境。[1]（2）研发技术模仿多、创新少。很多中小企业的技术源于对大企业或先进技术的效仿和改进，自主创新不足，一旦发展壮大后容易引发知识产权的侵权纠纷。（3）缺乏知识产权意识。中小企业尽管常以创意、创新立足，但这些企业既不知道如何保护企业自身的知识产权，也不知道如何避免侵犯他人的知识产权。以上特点反映出这些中小企业缺乏保护知识产权的意识和能力，由于缺乏知识产权前期准备工作，造成企业未来发展的潜在风险和阻碍。所以，对中小企业来说，对知识产权管理的态度是既有需求又由于人力、物力的原因而无法兼顾，因此，需要高新区从高新区整体经济角度考虑，通过知识产权托管这种管理模式有效帮助企业解决这些基本的知识产权管理问题。

**（二）完善高新区知识产权管理体系的需要**

对于高新区来说，科技含量高、低耗能、高附加值产业已然成为高新区产业发展的主导，高新技术企业、科技型中小企业等正在成为高新区企业分布的现实重点和未来潜力。企业的知识产权日益凸显资产的经济效益，保护知识产权也在慢慢成为企业的自觉意识，企业的转变也向企业所在的高新区提出了要求。由于知识产权管理是一项政策性、专业性极强的工作，从目前我国高新区的知识产权工作机构和人员的整体配备来看，存在着机构权责不清、工作内容不明、人员配备不够、业务能力不足等诸多问题，导致现有的软硬件配备无法满足高新区企

---

[1] 参见彭文胜、刘逸星：《企业知识产权战略与实施方案制作指引》，法律出版社2009年版，第131—135页。

业发展的知识产权服务要求，即为高新区企业提供科学的管理机制、高效的组织机构、完备的政策体系、优质的服务平台、及时的保护手段等一系列知识产权措施和支持。同时，高新区企业在行业、规模、投资等方面存在巨大差异，高新区知识产权管理需要通过系统化工程，构筑全面化、专业化、高端化的服务，才能满足包括但不限于中小企业在内的不同企业、不同产业在不同阶段的知识产权服务需求。知识产权托管是高新区知识产权管理体系中的重要组成部分，可以为高新区企业的复杂需求提供有效的解决方案和发展路径，这不仅是知识产权托管作为一种管理模式的设计目的所要求的，也是被近年来高新区知识产权管理实践经验所证明了的。

## 二、高新区开展知识产权托管的现实基础

### （一）我国知识产权事业发展迅速

知识产权作为企业的一项重要资产，是企业不可缺少的生产要素和经营要素，拥有的自主知识产权的数量和质量，直接决定了企业竞争力的高低。近年来由于企业在激烈的市场竞争中认识到了知识产权的重要作用，我国知识产权的整体数量呈逐年上升的趋势。根据国家知识产权局的统计数据显示，2015年，国家知识产权局共受理发明专利申请110.2万件，同比增长18.7%，连续5年位居世界首位；授权发明专利35.9万件，其中，国内发明专利授权26.3万件，比2014年增长了10万件，同比增长61.9%。在国内发明专利授权中，职务发明专利授权23.9万件，占90.9%；非职务发明专利授权2.4万件，占9.1%。2015年，国家知识产权局共受理《专利合作条约》

(PCT)国际专利申请30548件,同比增长16.7%。其中,28399件来自国内,占93.0%,同比增长18.3%。[①]我国不但在知识产权申请和授权数量上连续增长,而且由企业拥有的专利授权量已经占据整个专利授权量的90%以上,与国外发达国家的发展趋势相符,说明我国企业已经逐渐成长为创新发展的决定性力量。

以专利申请量、授权量为代表的知识产权的大量增加,使得企业迫切需要思考如何通过开发、管理和运营知识产权来为企业创造经济价值,也对知识产权服务提出了明确的要求。然而,目前市场上的知识产权服务机构及服务体系,与企业的要求差距较大,服务机构的服务质量良莠不齐,无法满足企业的知识产权管理需要。这种现状的迫切性和实际的可行性,使得成立专门的知识产权托管机构和集中现有知识产权中介服务机构的知识产权服务资源,开展综合或专项的知识产权托管成为必要。

### (二)企业的知识产权积累明显

在知识产权战略纲要及其实施计划的推动下,我国企业无论是国有企业还是民营企业,无论是大企业还是中小企业,知识产权数量从无到有,知识产权工作从业余向专业发展,但企业面临着所处国内市场的知识产权运营水平较低,知识产权保护不够充分,知识产权法律制度还有待完善,国际市场的知识产权竞争日益激烈等各种情况,也由此对知识产权的专业管理提出了要求。通过知识产权托管,可以帮助企业克服在资金、

---

[①] 资料来源:《图文直播:2015年发明专利申请授权及其他有关情况新闻发布会》,http://www.sipo.gov.cn/twzb/2015ndzygztjsj/,2016年6月1日访问。

人才、专业等方面存在的困难，扬长避短，调动国家、社会、市场的专业性资源，满足企业的知识产权工作需要，解决企业的知识产权管理和保护问题，充分发挥知识产权在市场中的竞争力，推动企业的发展和壮大。

# 第二章
# 高新区知识产权托管的基本原理

　　高新区通过开展知识产权托管,落实国家知识产权发展的战略部署,增强园区产业集聚的吸引力,整合知识产权服务的社会资源,激发了企业的创新动力,提高了企业的市场竞争力,最终实现知识产权价值。

# 第二章 高新区知识产权托管的基本原理

## 第一节 高新区的知识产权托管模式

知识产权托管是基于知识产权的无形性、法定性、价值不稳定等特性所提出的一种创造、挖掘、提升知识产权价值的资产管理模式。知识产权托管必须遵守双方自愿、诚实守信的原则。这不仅有利于维护托管双方的利益，也对该知识产权托管市场竞争秩序的形成和维持起着不可忽视的作用。

### 一、在高新区开展知识产权托管的优越性

#### （一）实现知识产权托管目标的有效途径

根据《中小企业集聚区知识产权托管工作指南》的规定，知识产权托管的"目标是构建供需对接平台、优化资源配置，引导、推动和帮助各类企业与优秀知识产权服务机构开展紧密合作，为企业提供知识产权公共服务和专业化服务，有效提升企业的知识产权创造、运用、保护和管理能力，培育一批知识产权优势企业"。因此，高新区积极开展知识产权托管的直接目标是帮助区内企业尽快提高知识产权意识、提升企业知识产权管理能力和水平，指导企业逐步建立符合企业要求的科学、规范、系统的知识产权管理体系，促进企业技术创新和经营发展的可持续性，提升企业核心竞争力；间接目标是探索高新区知识产权托管模式，引入知识产权托管机构的市场化经营，落实国家知识产权战略推进计划，实现创新型国家建设目标。

结合国家知识产权托管的目标要求以及区内企业知识产权工作的实际要求，高新区开展知识产权托管工作需要制订具体

的实施方案,针对区内企业的不同类型和发展阶段要求,确立不同的托管层次目标。

一是针对一般企业的知识产权托管。这是知识产权托管服务的基础服务,主要包括企业知识产权的基础代理和研究咨询服务,涵盖知识产权的创造、运营、管理和保护等各项事务性工作。

二是针对中小型企业的知识产权托管。这是当前我国知识产权托管的主要形式,是一种满足企业知识产权经营管理需要的综合服务。基于中小企业自身规模、成本和发展的需要,这种托管服务往往采用外包服务形式。

三是针对大中型企业的知识产权托管。这类服务是立足于企业内部知识产权职能部门管理的特殊需要,依靠托管机构的知识产权高端服务能力所提供的专项服务,是知识产权服务中的顶层服务。

只有了解不同层次的企业托管要求,才能有效地确定知识产权托管目标。其中,一般企业知识产权托管的内容是知识产权工作的基本内容,可以满足拥有知识产权的企业的最低要求;中小型企业的知识产权托管目标根据企业发展定位,既可以是以提升知识产权管理意识,积累知识产权清单,建构知识产权管理机制,预防知识产权侵权和保护知识产权为主要内容的较低工作目标,也可以是以开展知识产权质押、担保等金融活动,建立知识产权资产价值运营机制,摸索知识产权创新创业等为主要内容的较高工作目标;大中型企业由于自身已经具备一定的知识产权管理能力,因此,对知识产权托管提出了较高的专业性要求,以开展知识产权战略研究,建立知识产权专业联盟,创新知识产权资产运营形式,开发知识产权商业模式等为托管的目标内容。

综上所述,企业对知识产权托管有不同的目标要求,如果企业直接通过市场去寻找知识产权托管机构,由于我国知识产权制度和服务市场尚不完善,存有很大的风险和不确定性。充分发挥我国高新区这一产业发展特色,基于高新区这一平台开展知识产权托管,可以直接为企业提供所需的知识产权托管服务,同时也可以通过筛选、引进知识产权托管机构的方式,为区内企业推荐、提供、监督知识产权托管服务,从而满足企业知识产权托管的需求。高新区这一双元目标的知识产权托管方式,能够有效地控制市场风险,克服托管的盲目性,合理安排社会资源和相关措施,有效配合托管的条件要求,从而最终完成知识产权托管的目标要求。

**(二) 特色知识产权托管内容**

为了满足区内企业的知识产权服务需求,高新区知识产权托管的主要内容包括:

1. 解读国家知识产权战略、法律法规、政策规章

在我国,知识产权制度政策对于企业知识产权工作的有效开展具有重要意义。因此,收集、整理、解读各级政府制定颁布的各类知识产权制度政策并进行有效研究和解读,对于企业领会国家精神并在实践中加以落实具有重要意义。通过对制度政策的解读,适时地提醒和提供对策和方案,也是高新区为企业提供福利的重要内容。由于企业往往缺乏专业性知识产权人才,因此通过高新区的协助,尽快掌握国家制度政策,对于企业及时享受国家各类资助,规避知识产权制度风险是大有裨益的。

## 2. 建立和完善知识产权管理制度和平台

高新区可以利用社会公共服务平台和高新区自有服务平台，整合社会资源以及高新区资源，为区内企业提供知识产权制度、文件等范本，帮助企业开展专利、商标、软件著作权等查询、登记等日常事务；开通知识产权绿色通道，帮助企业在遇到知识产权问题时可以迅速找到解决问题的方法。

## 3. 为企业开展知识产权资本和资产运营创造条件

高新区直接提供场地、设备和平台，引进金融、评估、知识产权服务机构等中介力量，建立高新区知识产权专项基金，推进知识产权质押、担保等投融资活动，帮助企业开展轻资产经营活动等。建立高新区企业孵化机制、产学研机制和产业联盟机制，开拓高新区知识产权交易渠道，引进各类资本进行园区合作，支持企业探索知识产权的产业化经营模式。

## 4. 定期进行知识产权宣传、培训

积极参加政府组织的各类知识产权宣传和展示活动；编写、推动知识产权相关宣传资料、简报、手册和活页；组织与知识产权有关的论坛，研讨知识产权热点和焦点问题等。推进企业的知识产权试点、示范工作。为企业组织讲座、沙龙等活动，普及知识产权知识；为企业提供知识产权管理经验和案例；组织、督促企业培养中高级专利工程师、知识产权工作者等专门人才；鼓励企业中高层、员工参加各类知识产权培训和活动，提高企业知识产权认识水平等。

## 5. 建立与政府、相关部门的沟通协调渠道

高新区应发挥与政府行政管理部门、行业组织和企业等沟通的渠道作用，及时向企业传达、通知、提醒各级政府的制度

政策和相关信息，邀请政府部门、专家学者、社会行业组织、企业等召开座谈会，及时转达企业的相关要求，倡导行业协会活动，分担管理职能，建立、健全畅通的沟通协调渠道。

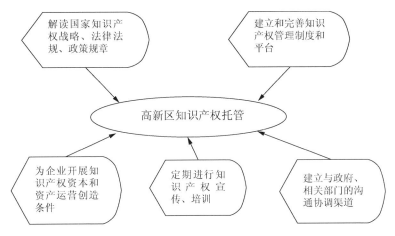

图 2-1　高新区知识产权托管的主要内容

## 二、知识产权托管与其他知识产权管理方式的比较

### (一) 高新区知识产权托管的主要类型

根据高新区不同的发展基础、市场定位、企业要求、知识产权管理能力等，知识产权托管可以分成不同的类别。

1. 知识产权客体的分类托管

（1）专利托管

专利托管是指企业将自己拥有专利权的专利资产委托给专利代理服务机构等专业服务机构，由该专业服务机构帮助企业进行专利权益管理的一种专利管理形式。专利托管的主要内容包括：制定专利管理制度；确立专利管理制度实施流程；开展专利挖掘、申请和转让；建立专利数据库和电子化管理系统；

进行专利查新、检索和预警分析；开展企业专利战略政策和文件研究；进行其他专利日常管理工作等。专利托管是当前知识产权托管工作的主要内容，也是企业较为重视的知识产权托管内容。例如，在国内较早开展中小企业集聚区知识产权托管工作的北京，采取的是由知识产权主管部门指导并给予一定补贴，指定专利托管的中介机构出人手和专家，"入托"企业出费用的方法，由于政府的补贴以及中介机构成本降低，托管收费标准比市场价低了两三成，形成多方共赢的局面。仅中关村国家自主创新示范区，中小企业加入知识产权托管的比例就达 90% 以上，这些企业的专利申请量年增长率达 70% 以上。

（2）商标托管

商标托管是指企业将自己拥有商标权的商标资产委托给商标代理服务机构等专业服务机构，由其代为进行商标资产经营管理的一种商标管理形式。任何一家企业只要在市场上开展商业经营活动，在日常的经营管理中就会涉及商标管理事务。在消费者对产品质量要求越来越高而同质化越来越普遍的情况下，消费者对商标特别是著名商标、驰名商标的依赖性也日益凸显。从理论上说，企业商标代表着企业的外部形象，企业商标战略由此而生。[①] 商标托管的主要内容包括：制定商标管理制度；商标设计及申请；确立商标管理制度的实施流程；制定商标发展战略；商标商业性使用管理及市场风险控制；进行其他商标日常管理工作等。

---

① 参见李培林：《企业知识产权战略研究综述》，载《经济经纬》2006 年第 6 期，第 81—84 页。

(3) 版权托管

版权托管是指企业将自己拥有版权的作品委托给版权代理服务机构等专业服务机构，由专业服务机构根据企业的委托事项，对这些作品进行专门管理和保护。版权托管的主要内容包括：梳理著作权资产清单；版权管理制度及管理流程建设；版权登记并归档；版权商业性使用管理及风险控制；版权维权及争议解决；进行其他版权日常管理工作等。近年来，随着我国软件产业以及文化产业的大发展，版权在产业发展中已占据核心竞争地位，而由于版权管理人才匮乏，版权托管成为解决这一问题的重要方法。

2. 知识产权托管形式的分类托管

(1) 知识产权完全托管

知识产权完全托管是指企业将全部知识产权委托给知识产权的专业服务机构，由其实施全部管理职能的托管方式。完全托管主要面向未设置知识产权机构、人员的小型企业，为其提供咨询服务，指导企业建立健全知识产权规章制度，提供知识产权信息检索和信息分析服务，知识产权申请、登记等流程服务，以及根据企业定位、市场需要和研发特点发掘企业自有知识产权。我国较为常见的知识产权完全托管往往以政府引导和支持服务机构提供信息分析、专利申请流程服务等服务为主，在严格保守企业商业秘密的情况下，采取由服务机构为签订托管合同的企业提供无偿服务，政府主管部门和实施单位对服务机构给予一定的服务费用补贴的做法。随着知识产权服务市场日益繁荣，完全托管已经从政府买单向市场收费方式转变。

(2) 知识产权部分托管

知识产权部分托管是指企业根据自己阶段性任务的需求，

将知识产权的部分工作或部分知识产权内容委托给知识产权专业服务机构进行经营和管理。部分托管较多面向具备知识产权机构、人员的大中型企业，服务机构为企业在专利运营、权利维护、战略规划、人才培训等方面提供专项服务。从申请取得、知识产权使用、知识产权转让与许可、知识产权战略、知识产权评估及质押融资使用、知识产权变现、知识产权侵权保护和维权等知识产权相关业务中选择确定专项服务的内容。

3. 知识产权托管规模的分类

（1）小托管

小托管是存在于个别企业与具有一定知识产权综合服务能力的中介服务机构之间，关于知识产权综合委托管理服务的一种托管服务方式。其业务主要局限于个别企业知识产权的获取、管理、保护、运用方面，具体包括：对知识产权战略与发展进行研究，提供专业方案；协助实施知识产权战略，逐步实现知识产权资本运营；协助企业开发自主知识产权，培训企业人员；对知识产权注册的各项事宜提供建议及注册，协助完成日常法律事务；完善、监督、落实知识产权的各项管理制度；监测及侵权预警，调整创新方向和内容，对侵权及时进行调查、取证，有效保护企业知识产权；帮助企业实施品牌战略，培育、协助企业实现名牌的经济价值等。

（2）中托管

中托管是存在于优势知识产权服务机构或服务机构群与有一定知识产权工作基础的重点企业或产业群中的一种综合知识产权委托服务关系。主要适用于稳步提升服务对象的知识产权管理能力，提升知识产权在企业发展中的重要地位，帮助企业往知识产权高端运用层面扎实过渡。

（3）大托管

大托管是存在于知识产权托管服务联盟与产业集群、区域重点产业之间的高端知识产权委托服务关系。具体来讲是由政府牵头，综合集群政府资源、高新区孵化器资源、社会服务资源组成知识产权托管联盟，面向国家层面或地区重点产业集群提供综合高端知识产权服务，用于加速提升产业群体的创造能力，应对全球知识产权风险。[①]

**(二) 破除人们对知识产权托管认识上的几个误区**

1. 知识产权信托与知识产权托管

知识产权信托是指知识产权权利人为了使自己拥有的知识产权产业化、商品化，获取更大的利益，发挥更大的社会效益和经济效益，将其知识产权转移给受托人信托投资公司，委托其代为经营、管理和处分，并由委托人获取收益的一种法律关系。在国际上，信托制度作为一项法律制度由来已久，已经形成较为完善的制度规范和约束，将信托与知识产权嫁接而形成的知识产权信托也是国外企业知识产权管理的一种方式。但是，在我国，信托制度一直颇有争议。我国《信托法》第2条规定："信托是指委托人基于对受托人的信任，将其财产委托给受托人，由受托人按委托人的意愿以自己的名义，为受益人的利益或者特定目的，进行管理或者处分的行为。"早在2000年，我国武汉国际信托投资公司就在全国范围内率先推出了专利权信托业务；同年，最高人民法院在TMT贸易有限公司与广东省轻工业品进出口（集团）公司的商标专用权纠纷案[②]中，认定双方

---

① 参见《知识产权托管的内容》，http://www.chinalawedu.com/new/201306/caoxinyu20130618160734777782543.shtml，2015年12月2日访问。

② 参见最高人民法院（1998）知终字第8号民事判决书。

之间存在"事实上的商标信托关系"。由于我国市场经济尚不完善,商业信用不发达,知识产权信托作为知识产权转化的重要途径,在企业中开展得并不顺利。

知识产权托管与知识产权信托都有基于委托而产生的知识产权管理、处分行为,在管理行为表现上有不少相似之处,但这两种制度是不同的两项制度。一是两者的本质不同。知识产权信托伴随着信托财产权的转移,而知识产权托管则并不发生财产权的转移。根据信托制度的设计本意,信托财产须要转移给受托人并以受托人的自身名义开展活动才是信托行为。尽管我国《信托法》没有在信托法律关系中明确规定将"财产转移给受托人",而只是模糊地规定为"委托给受托人",并由此产生了极大的争论,但基于信托制度的产生和发展历史,可以知道将信托财产转移给受托人是信托法律关系产生的出发点。在国外的知识产权信托中,同样要求将委托人的知识产权转移给受托人。由于知识产权托管中知识产权不发生财产权转移,所以知识产权信托与知识产权托管在制度上存在本质的区别。二是两者的实施目的不同。企业可以根据自身发展需要,选定信托投资机构,将知识产权转移给该机构,依靠信托投资机构的专业能力,帮助企业融取发展所需资金,是挖掘企业知识产权资产价值,有效提升知识产权的资产性价比,优化社会资源使用的重要手段。而知识产权托管则是知识产权服务机构接受企业委托,以企业的名义,在委托范围内,全部或部分地开展与企业知识产权管理相关的事务,包括企业的知识产权许可与授权、法律咨询顾问、保护、制度建设等方面的内容。虽然知识产权托管也可以开展知识产权融资活动,但这只是企业的知识产权运营和管理中的一部分工作内容,可以帮助企业更好地实现知识产权的资产化运作，特别是知识产权托管中的受托方是以委托方企业的名义开展这些工作的，而不会以受托方的名义进行这些融资管理活动。

2. 知识产权托管与知识产权中介

在当前的知识产权托管工作中，有人还会将知识产权托管与知识产权中介等同起来。知识产权中介是指在知识产权商品化过程中，为市场主体提供咨询、代理、推广、评估、投资、诉讼等各项与知识产权有关服务的一种专业化服务行为。根据其服务内容，可以将知识产权中介分为咨询服务、知识产权代理、知识产权转化、知识产权金融、知识产权评估等不同服务类别。基于知识产权自身的专业化分类，上述这些服务内容分别由不同的知识产权中介机构承担。知识产权托管工作中除了日常的企业知识产权管理，会大量涉及知识产权中介服务的相关内容，包括专利、商标代理，知识产权评估，以及知识产权争议诉讼等，需要依靠知识产权中介服务机构的专业行为才能完成。

尽管知识产权托管与知识产权中介在工作内容上有很多重合和交叉，但是就市场行为来看，两者是不同的两种服务行为。作为中介服务的一种，知识产权中介是市场专业化分工的结果。正是因为知识产权客体日益多样化，制度日益复杂完善，需要不同的专业性机构在市场经济运作中分别发挥各自的管理、服务和协调功能。知识产权中介越发达，知识产权的效益就越发能够得到展示，企业可以根据自己在知识产权管理中的具体需求，选择相应的知识产权中介服务。知识产权托管则是企业通过从外部引入专业力量结合企业自身的知识产权状况，对企业知识产权资产进行管理和服务，知识产权中介服务仅是其知识产权托管服务内容之一,可以帮助企业更好地在外部实现知识产权资产的产品化、商业化。所以,两者的定位不同,不能将其等同和混淆。

# 第二节 高新区知识产权托管的实施方案

高新区为了贯彻落实国家、地方知识产权战略实施政策措施,提升高新区的科技创新能力和产业集群水平,结合高新区自身的定位和企业特点,在区内推行知识产权托管,为企业和知识产权服务机构嫁接知识产权托管渠道时,总会先行制订高新区的知识产权托管工作实施方案,以便于知识产权托管工作的有序开展。

## 一、托管前的调研阶段

参加各级政府召开的与知识产权托管工作相关的工作会议,领会各项制度政策精神,根据各级政府的政策要求,结合高新区工作实际,制订高新区知识产权托管工作方案,确定高新区知识产权工作的目标和工作规划。

(1)区内实地走访或召开区内企业工作会议,对企业的知识产权状态进行摸底、调研、登记和汇总。

(2)根据推荐、交流和筛选,确立高新区知识产权托管服务机构名单以及知识产权托管服务菜单内容。

(3)根据调研成果,在企业、高新区双向选择、自主自愿的基础上,结合高新区工作目标、条件和部署,确定企业知识产权托管名单。

（4）整理需要知识产权托管的企业资料，向企业推荐知识产权托管服务机构，为企业与机构之间建立知识产权托管提供有效的沟通平台和渠道。通过高新区、企业、托管服务机构的三方协商，由高新区与托管服务机构签署知识产权托管协议书，由区内企业与托管服务机构签署实施知识产权托管协议书。

## 二、托管的实施阶段

根据企业知识产权工作需要，结合知识产权托管服务内容，确立不同的知识产权服务套餐。

1. 公共服务

（1）建立与国家行政管理业务部门以及社会公共服务平台的对接渠道，建立高新区知识产权公共服务平台及信息推送制度，为高新区企业提供知识产权服务。

（2）开展知识产权宣传活动，积极参与各级政府组织的知识产权活动，组建高新区企业知识产权工作者协会，开展知识产权论坛、研讨会、讲座，宣传国家知识产权制度政策，组织知识产权工作展示区，宣传知识产权管理经验等。

（3）协助企业拟定知识产权托管的目标和指标，制定实施细则。

（4）对托管企业进行全员培训。对专利、商标、软件著作权等知识产权知识开展普及性教育，增强法律意识，遵守保密协议和合同保密条款，掌握企业的知识产权制度和守则等。

（5）为托管企业提供走访服务，帮助企业高层认识到企业知识产权战略工作的重要性，协助企业建设知识产权文化，培养创新发展意识，积极支持和推进知识产权托管工作。

2. 基础服务

（1）根据托管企业的需要，提供专利、商标、版权、软件著作权等知识产权申请、登记、授权等专项代理服务。

（2）指导企业建立专利、商标、版权、商业秘密等知识产权管理制度以及相关人事制度。

（3）建立知识产权相关信息的管理制度和操作流程。

（4）根据托管企业的委托，提供知识产权许可、转让等合同谈判、实施、备案等专项法律服务；起草有关专利、商标申请，专利、商标和软件著作权的转让、许可、登记备案等所涉法律文本的专项委托法律服务。

（5）为托管企业提供知识产权案件的仲裁、诉讼的专项法律服务，包括取证、调解、谈判、起诉、开庭、上诉、执行等。

3. 专项服务

（1）建立企业的知识产权业务档案机制。将合同，知识产权研发和实验记录，知识产权的申请、答辩、授权文件，以及PCT申请等文件资料存档，并根据业务进展变化及时更新状态等。

（2）建立知识产权法律状态的跟踪制度。根据企业已有知识产权法律状态，跟踪法定保护期限，及时答辩、缴纳费用等；针对竞争对手以及关键领域的专利、商标等公开信息的跟踪监视；对已有知识产权在市场中被侵权和可能被侵权的情况开展证据收集和保管并及时采取解决措施等。

（3）采用电子化管理，对企业知识产权信息及时备份、归档，建立具有申请管理、客户管理、时限管理、财务管理等功能的知识产权管理系统，便于档案查询和利用。

(4) 帮助企业建立内部知识产权数据库，充分利用社会服务平台，建立对接途径和账号，开展知识产权信息检索、筛选、汇总工作。

(5) 根据托管企业的要求，参与知识产权谈判，为托管企业提供尽职调查；对引进的技术进行法律状态及有效性鉴定，产品出口时对知识产权进行侵权评估等专项委托服务。

(6) 对托管企业的知识产权管理人员和技术开发人员进行专业培训。管理人员和开发人员需要掌握技术查询、研发、应用中的知识产权保护问题；了解申请、维护知识产权的条件和策略；掌握判断知识产权侵权的方法和回避手段；了解知识产权的保护方法；采取有效措施开展知识产权许可和转让等。

(7) 对托管企业知识产权的价值进行评估，出具评估报告；为企业知识产权产品开展预警预测，出具知识产权产业发展分析报告等。

(8) 帮助托管企业开展知识产权战略研究，落实实施行动；为托管企业提供知识产权金融创新服务，开展知识产权质押、担保等活动；帮助企业开展知识产权商业化经营活动等。

4. 监督考核

(1) 中期检查和考核。高新区根据协议书规定，对企业与知识产权托管机构进行中期托管工作的检查和考核，考核内容包括：托管实施进程，托管内容的完成情况；托管企业知识产权申请"消零"和质量情况；托管企业贯彻落实知识产权管理的情况和案例。根据中期检查和考核的结果，提出意见和建议。

(2) 验收检查和考核。托管到期后，全面审核协议书的履行情况和目标完成情况，得出验收结论，签署验收报告。

（3）汇报和备案。高新区可以就知识产权托管验收结论，撰写高新区知识产权托管报告并向当地知识产权相关行政管理部门进行汇报和备案。

## 三、总结阶段

全面检讨知识产权托管工作协议书和实施知识产权托管工作协议书的落实情况。

（1）知识产权托管工作的工作目标。检查高新区和企业的知识产权托管目标和工作的完成情况及完成质量。

（2）知识产权制度建设情况，包括企业内部各项知识产权制度制定情况；各项制度实施情况，机制配套是否健全、机构人员配备是否齐全等。

（3）宣传、培训工作情况，包括宣传活动的次数、内容；培训计划、培训方案和培训次数；培训的考核制度和测评效果。

（4）托管企业的知识产权工作情况，包括知识产权信息建档、归档及使用流程的档案管理制度；数据库建设和利用的电子化管理制度；知识产权代理情况。

（5）托管企业的知识产权管理情况，包括对知识产权的授权和登记，以及相关的维护管理；知识产权的许可和转让；知识产权的质押和担保；知识产权投资和产业化经营等。

（6）托管企业的知识产权保护情况，包括知识产权预警保护制度、知识产权诉讼和仲裁、知识产权典型案例等。

通过总结高新区在开展知识产权托管中的成绩和不足，形成知识产权托管总结报告，归纳知识产权托管中的好方法、好措施，修订、完善高新区知识产托管制度，为下一批知识产权托管工作做好各方面的准备。

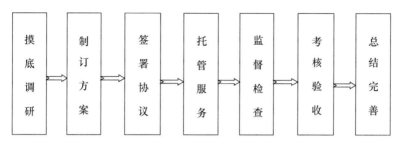

图 2-2 高新区知识产权托管流程

## 第三节 政府在高新区知识产权托管中的作用

知识产权托管是市场化的知识产权管理服务行为,其权利义务可以通过合同等形式来加以规范和调整。而在知识产权托管活动中,政府如何定位其在当中的地位,如何有效发挥市场监控的职能,对这项工作的开展非常重要。在我国,由于知识产权保护环境还不理想,企业知识产权管理意识较弱,先期的知识产权托管都是在政府的大力促导下发展起来的。也正是在政府的积极引导和推广下,我国高新区、企业的知识产权托管工作得以顺利开展起来。知识产权托管不仅在提高企业知识产权管理和保护水平,促进高新区知识产权相关产业集聚等方面发挥着重大作用,而且对国内知识产权服务水平的提高与高端知识产权服务业的建设和发展也起着很好的促进作用。

## 一、营造开展知识产权托管的政策环境

### (一) 提供制度政策依据

知识产权托管是一项新的知识产权管理方式,政府为营造有利于知识产权托管良性运作的良好环境,制定、颁布了一系列与知识产权托管有关的规章制度,为托管工作有序开展提供了明确的制度依据,如国家知识产权局、工业和信息化部出台的《中小企业集聚区知识产权托管工作指南》,北京市知识产权局制定的《知识产权托管导则》,成都市知识产权局出台的《成都市知识产权托管工作管理办法》和《成都市知识产托管服务机构管理暂行办法》等。通过制定这些规范性文件的方式,落实了各级知识产权行政管理部门的工作职责,规定了知识产权托管的主体和流程,厘清了知识产权托管各方的权利义务,为进一步规范知识产权托管工作,促进托管工作的深入开展提供了一定的管理依据。

面对知识产权托管这一新鲜事物,很多企业抱持怀疑、观望的态度,需要政府充分利用宣传渠道,对知识产权托管进行广泛推介,使得企业能够认识到知识产权托管对企业知识产权工作的重要意义,了解知识产权托管的政府鼓励措施、托管的运作模式、托管的服务内容、托管的经济效益等,从而为托管工作的顺利开展奠定认识基础;同时,政府通过经济杠杆,有效地激发了企业和知识产权托管机构参与知识产权托管的积极性,从而大大推进了知识产权托管工程的进程。

### (二) 发挥经济杠杆作用

国家还通过鼓励和合理补贴的方式,对符合条件的企业开展知识产权托管予以适当资助;通过税收减免等优惠政策,鼓

励知识产权托管机构对符合条件的企业提供知识产权托管服务，少收甚至免收托管服务费用。

从当前我国知识产权托管的现状就可以看出，知识产权托管的发展与高新区的大力推行是分不开的，其中，又有很多高新区得到了政府政策和资金的支持。以中小企业为例，初期全面开展知识产权托管对其而言经济负担过重，而得到政府支持的高新区开展知识产权托管试点，可以在一定程度上缓解企业的资金压力问题。

**资料 2-1**

科技型中小企业受制于企业的资产和规模，即使拥有创新技术和知识产权，创业者没有资金也没有精力去理会知识产权工作。上海市科技创业中心出资为企业聘请专业机构提供完全式托管服务，企业不用为此花费一分钱，由知识产权专业服务机构为企业进行知识产权工作的培训和执行等，帮助企业对各项知识产权情况进行梳理汇总，并提供法律咨询，当企业有更为深入的知识产权工作需求时，还能第一时间获得专业机构提供的专项式委托托管服务，从根本上解决了企业在知识产权工作推进工程中的障碍。[①]

## 二、 促进知识产权托管协调有序发展

开展知识产权托管，政府需要根据社会经济发展情况、知

---

① 参见《上海：政府为中小企业知识产权托管"买单"》，载《科技日报》2012年1月13日第10版。

识产权服务资源分布、企业知识产权发展水平、高新区产业集聚状况等开展统筹协调，有序推进托管工作。

### （一）逐步开展知识产权托管试点

鉴于我国的地区发展差异性，政府对企业的知识产权托管工作要分层次、分阶段开展。例如，我国先从经济发达地区开始知识产权托管试点，再逐步向其他地区推广的方式，就比较有助于后试行地区少走弯路，节约失败成本，有效复制成功经验。通过政府的统筹协调安排，逐步推进知识产权托管工作的做法，可以及时总结知识产权托管的经验和教训，调整改进知识产权托管的制度和措施，切实发挥知识产权托管的功效。

### （二）理顺知识产权托管的市场秩序

在我国，企业对知识产权托管有不同的市场需求和条件要求，我国知识产权托管机构的专业水平参差不齐，知识产权服务能力尚不能满足市场和企业需要，需要通过政府通过积极引导来加以协调。这样不但有助于知识产权托管机构避免市场上的同质化竞争，打价格战，提高专业服务能力，培育知识产权服务市场，也可以保证企业对知识产权托管的差异化根据市场供给得到相应的满足。

**资料 2-2**

从2008年年初开始，北京市知识产权局和北京市重点知识产权联盟共同制定并组织实施"知识产权托管工程"。结合"知识产权托管工程"的工作目标，以及不同企业的具体情况，"知识产权托管工程"分成两个层次试行实施，即针对中小型企业知识产权的托管（简称"小托管"）和针对大中型企业知识产权的托管（简称"大托管"）。随后北京市一些科技园区开展了托管服务试点，小范围内进行了实际的专利代办及管理等工作，取得了一定成效。[①]

## 三、开辟知识产权人才培养路径

知识产权托管的开展离不开知识产权人才。在知识产权托管进程中，无论是企业、高新区还是托管机构，都深感我国现有知识产权人才的数量和质量无法满足发展的需要，这就需要政府根据知识产权托管的特点，开辟知识产权人才培养新的路径。

### （一）知识产权人才培养的重点工程

通过国家"百千万人才工程"和"知识产权领军人才"这些知识产权人才培养重点项目，可以为社会提供知识产权的精英人才。依托知识产权托管，则可以充分利用其人才培养机制，为知识产权托管机构等提供知识产权骨干人才，为高新区等各类产业园区培养知识产权中高层管理人才，为企业培训知识产权专业人才。

### （二）知识产权人才培养的快速工程

政府应充分调动和发挥各方面积极性，有效利用社会培训资源，通过知识产权托管的宣传、培训机制，快速推进知识产权人才培养工程。通过对高新区内企业全员、专人、领导的多层次知识产权培训计划和知识产权托管机构的服务实践，在高新区、企业的从业人员中直接培养知识产权人才，可为高新区、企业、托管机构开展知识产权知识托管打下坚实基础。同时，

---

[①] 参见李鹏：《北京"知识产权托管工程"初探》，载《中国科技财富》2009年第7期。

高新区还可以依托知识产权行政管理和司法部门，联合高校知识产权院所和中心，共同开展知识产权人才培养活动，在高新区内建立知识产权人才实践基地，从理论和实践两方面为知识产权人才培养提供便捷渠道，进而形成知识产权人才聚集高地。

## 四、整合、提升知识产权服务平台资源和服务

知识产权的创造、运用、管理和保护能力主要体现在有效利用知识产权信息，科学地开展研发创新工作，创新知识产权运营模式，采取有效措施防止和制止侵权等工作基础上，这也正是政府推动知识产权托管的重要工作内容。

### （一）建设、整合知识产权公共服务平台

知识产权托管需要得到知识产权各类平台的有力支持。一方面应该充分利用现有政府、社会的平台资源，建立知识产权信息服务共享平台和对接渠道，方便高新区、企业在知识产权托管中随时查询、追踪、监管各类信息，有效开展知识产权托管工作。另一方面，应根据知识产权工作的需求，继续建设、完善知识产权服务公共平台和特色平台。例如，建立面向社会的知识产权人才信息库、知识产权产业化情况数据库等，对于开展知识产权托管是十分必要的。

### （二）提升知识产权公共服务水平

提高知识产权公共服务水平，对于更好地开展知识产权托管是十分有意义的。知识产权公共服务水平是指充分利用各类知识产权信息资源和手段，有序发布知识产权政策信息、技术信息、市场信息以及供求信息；编制发布知识产权创新创业报告和统计分析报告，真实记录和反映国家、地方、高新区、企业的知识产权发展宏观情况。通过提供这些知识产权公共服务，

可以帮助企业有的放矢地开展技术创新,推进产业知识产权战略分析与预警研究,为知识产权托管提供参考和支持。

**资料2-3**

北京知识产权托管工程从设计到实施的过程中,一直坚持"服务"理念,根据企业的规模、性质、知识产权工作水平等方面的差异,将企业的知识产权工作分为四个阶段,分别对应企业的专利意识形成、技术能量积累、学习使用规则、开始资产经营等不同阶段。通过北京市知识产权局牵头搭建对接平台,将知识产权服务机构和需要知识产权服务的产业园区、企业聚到一起,由政府部门提供补贴,企业用优惠价格获得知识产权服务机构提供的咨询、申请等一揽子服务;同时,政府部门还将监督中介机构,确保其积极引导、服务企业,让越来越多的企业有创新成果、有专利申请、有专利储备,从而满足从创业企业到成熟企业不同的知识产权需求。例如,北京博思廷科技有限公司根据托管机构的建议,递交了发明专利申请,不但节约了很多成本,还提前促成了公司专利布局的启动。与此同时,拥有三百多件专利的北京飞天诚信科技股份有限公司在美国遭遇竞争对手的知识产权诉讼时,依靠托管机构的帮助和策划,以国内反诉遏制了竞争对手在国内进行专利布局的速度,放缓了销售脚步,并最终通过专利交叉许可达成和解,顺利进军北美市场。[①]

---

[①] 参见《专利托管:帮小企业"带孩子",给大企业"出点子"》,http://www.bjipo.gov.cn/mtbd/201108/t20110822_24660.html,2014年12月12日访问。

知识产权是企业竞争力的重要源泉和核心要素，我国属于经济后发国家，通过引进、模仿、创新发展，技术研发能力得到很大的提高，即使如此，自主创新能力仍无法适应我国经济快速发展的需要，在国际市场的竞争中也无法占据当然优势。基于科技进步对国家未来发展的重要性，采用有力的措施提高企业知识产权研发创造和管理经营的能力尤显重要。因此，充分发挥政府在高新区知识产权托管中的作用，俨然已经成为我国知识产权战略国家公共政策的选择。根据当前我国知识产权管理的水平，借鉴政府在以往知识产权工作中的经验，有效发挥政府在知识产权托管中的积极地位，是实现企业知识产权管理能力从低水平向高水平提高的重要经验。就国内的情况而言，在经济发达地区，政府已经为知识产权托管工作的开展提供了政策、财政等各方面的优惠措施和资金支持，为知识产权托管在全国的开展起到了极大的推动作用。

## 第四节　知识产权托管机构的遴选和职责

### 一、知识产权托管机构的确定

#### （一）知识产权托管机构的形式

知识产权托管主要就是借助于知识产权托管机构开展知识产权工作，知识产权托管机构根据高新区、企业的知识产权托管需求，由不同形式的知识产权服务机构组成。目前市场上从事知识产权托管服务的机构主要有知识产权服务公司、知识产权代理机构、提供知识产权服务的律所、知识产权研究机构等各类知识产权中介服务等。

（1）知识产权服务公司。这类多是专门为企业提供包括知识产权咨询、代理、检索、管理等知识产权业务在内的公司，它们也可以专门从事知识产权托管工作。

（2）知识产权代理机构。主要是专利事务所、商标事务所、版权代理公司、知识产权代理公司等，这些机构一直从事专利、商标、版权等知识产权代理服务，是知识产权中介服务的主要承担者。

（3）律师事务所。较大规模的律师事务所基于律师服务产业链发展的需要，都设有专门的知识产权部门，专业从事知识产权诉讼和非诉业务；也有以知识产权为主要业务内容的中小型律师事务所，以主要开展知识产权业务著称。

（4）知识产权研究机构。主要是高校、研究机构的知识产权学院、研究中心、研究所等，专门从事知识产权宣传、培训、研究等工作。

（5）其他从事与知识产权有关工作的公司、事务所。如无形资产评估事务所、知识产权顾问等。

表 2-1 高新区知识产权托管机构的形式

| 高新区的知识产权托管机构 ||
|---|---|
| 托管机构形式 | 托管服务主要工作 |
| 知识产权服务公司 | 知识产权咨询、信息、培训<br>知识产权代理、检索<br>专利导航、知识产权运营<br>知识产权管理、知识产权联盟<br>知识产权研究等 |

(续表)

| 高新区的知识产权托管机构 ||
|---|---|
| 托管机构形式 | 托管服务主要工作 |
| 知识产权代理机构（公司/事务所） | 知识产权代理、检索知识产权尽职调查<br>知识产权分析<br>知识产权贸易<br>知识产权许可和转让等 |
| 律师事务所 | 知识产权申请、代理、维持<br>知识产权预警保护<br>知识产权管理<br>法律咨询和诉讼等 |
| 知识产权研究机构（学院/研究中心/研究所） | 知识产权战略研究和实践<br>知识产权运营研究和实践<br>知识产权培训、宣传等 |
| 知识产权其他机构 | 知识产权评估、顾问等 |

**（二）知识产权托管服务机构的选择**

高新区的知识产权托管机构是高新区为开展知识产权托管工作，通过遴选，与筛选出来的知识产权托管机构合作，根据高新区的要求为高新区及区内企业提供知识产权托管服务。

1. 服务内容

（1）高新区知识产权托管公益服务。这是由高新区委托知识产权托管机构提供的，无差别面向高新区所有企业的公益性服务，以咨询、宣传、培训等为主，以帮助企业提高知识产权意识，推动企业重视知识产权工作，营造高新区知识产权氛围等为主要目标。该类托管服务一部分由政府买单，也有一部分由高新区支付费用，无论哪种收费方式，高新区托管服务均免费向区内企业提供。

（2）高新区知识产权托管工程。由高新区牵线搭台，通过区内企业和知识产权托管机构的双向选择，依托《知识产权托管协议书》的规定开展知识产权托管。这类知识产权托管，往往是托管机构根据企业的需要专门设计、提供的知识产权服务，由政府、高新区、企业共同出资付费。

（3）企业知识产权托管服务。当高新区知识产权托管服务内容已经无法满足企业的发展需要时，企业可以自行选择知识产权托管机构开展知识产权托管服务。企业知识产权托管可以分为内生型知识产权托管和外源型知识产权托管。内生型知识产权托管指知识产权托管机构派出专职服务人员，驻守在企业内部，与企业内部的知识产权工作人员共同完成知识产权托管内容；外源型知识产权托管机构则指企业将知识产权相关业务部分或者全部外包给知识产权托管机构，该机构定点定时或不定时地根据委托要求提供知识产权托管服务。

2. 托管机构的筛选和递补

（1）高新区选择专业的知识产权托管机构。高新区在选择知识产权托管服务机构时，为了更好地促进竞争，往往会建立知识产权托管机构名单，通过介绍、面试与合作，筛选出一定数量的托管机构，签署协议，为其提供办公场地，使其入驻高新区，为高新区、企业提供知识产权代理、法律、信息、咨询、培训、运营等知识产权托管服务。

（2）高新区通过考评淘汰和递补知识产权托管机构。根据不同的托管服务周期，分别进行中期检查、验收考核和年度考评，根据总结报告和评估考核结果，淘汰不合格的知识产权托管机构，递补符合条件的知识产权托管机构，形成具有竞争力的知识产权托管市场秩序。

（3）选择知识产权托管机构，需要考量高新区及区内企业的知识产权工作需求，企业托管目标、企业规模、财力、人力，政府、高新区的政策和扶持力度，知识产权保护环境等多种因素，经过评估、审定，最终确定。

## 二、知识产权托管机构的职能

依托知识产权托管机构的服务，企业可将知识产权工作全部或部分交由这些托管机构完成，在节约人力、物力成本的前提下，使自身的知识产权业务更加专业化。知识产权托管机构的职责是根据企业在知识产权管理方面存在的问题，从企业实际管理需要出发，为企业量身打造适合企业发展的知识产权整体性的战略规划，提出相应的知识产权发展目标、重点和任务，并给出相应的发展措施，为企业保护自身权益、提高市场占有率、增强市场竞争力、加强自主创新能力提供专业支持。

### （一）知识产权托管机构的基本职能

根据高新区、企业知识产权工作的需要，知识产权托管机构的职责主要包括：制定知识产权管理制度、战略规划、执行方案，以及收集情报、知识产权评估及质押融资使用、知识产权变现、知识产权侵权保护和维权等。具体内容有协助企业制定知识产权管理制度；制定企业知识产权战略；开展企业创新技术管理；开展品牌战略管理；国外新技术检索与应用；国内竞争对手技术分析；企业的知识产权培训；企业现有知识产权的监控、归纳、整理、授权、许可等；知识产权情报收集与分析；商标、专利、著作权等知识产权的发掘和申请等。

### （二）知识产权托管机构的分阶段职能

根据企业知识产权发展的不同阶段，知识产权托管机构的职能也各有不同。入门阶段的企业，知识产权托管机构主要为企业提供培训、协助建设知识产权制度、跟踪主题技术等托管服务；起步阶段的企业，以入门阶段的服务为基础，托管机构主要为企业提供挖掘专利等知识产权、跟踪竞争对手、协助建设数据库等托管服务；发展阶段的企业，托管机构还需要负责策划企业知识产权战略、进行预警分析、转让许可、诉讼维权等托管服务；成熟阶段的企业，托管机构在前面所有工作之外，还要提供帮助企业组建、管理专利联盟，帮助开展专利标准化工作等托管服务。

# 第三章
# 紫竹高新区知识产权托管的实践成果

为了能够完善科技创新服务体系,优化知识产权软环境,提升企业知识产权的创造、运用、保护和管理能力,紫竹高新区结合区内产业发展现状和企业知识产权工作形势,尝试开展了高新区知识产权工作的新模式,同时汲取他人知识产权工作经验,结合知识产权工作的理论成果,开展高新区知识产权托管并取得初步成效。

第三章 紫竹高新区知识产权托管的实践成果

# 第一节 高新区知识产权托管的发展历史

## 一、高新区开展知识产权托管的基础和条件

### (一) 高新区的经济基础

紫竹国家高新技术产业开发区（以下简称"紫竹高新区"）规划面积13平方公里，由大学校区、研发基地和紫竹配套区三部分组成。高新区于2001年9月批准成立，2002年6月奠基，2011年6月升级为"国家高新技术产业开发区"，汇聚形成包括集成电路与软件、生命科学、新能源、新材料、航空航天、数字内容等多个高科技产业在内的高新区产业结构，多家世界500强公司的地区总部、研发中心进驻，成为跨国公司技术溢出和人才溢出的重要源头，推动了相关高新技术产业在高新区的集聚。

图 3-1 紫竹高新区经济稳步增长

073

经过多年来的辛勤耕耘与不懈努力，紫竹高新区已建设发展成为环境优美、配套完善、研发机构集聚、产业精英荟萃、创新资源丰富、产城融合的功能集聚区。

### (二) 高新区开展知识产权托管的条件

(1) 高新区企业数量增长迅速。截至2015年年底，高新区入驻企业有883家，其中外资企业161家，内资企业722家，累计吸引合同外资30亿美元，外资投资总额58亿美元，内资250亿元人民币。

(2) 人才梯队逐步完善。高新区内企业（不含高校）共有从业人员3万余人，其中大专以上学历超过78%，本科以上学历超过60%，硕士以上学历占比达到20%，形成完整的从面向研究的中高级教研人员、博士和硕士研究生到面向应用的高、中等工程技术专科人才的高中低人才梯队，为自主创新提供了强有力的人才保障。

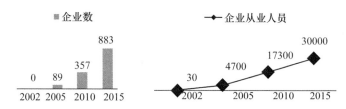

图 3-2　紫竹高新区企业数和从业人数

(3) 综合实力不断增强。经过不断努力，紫竹高新区2015年在全国116家国家级高新区综合排名中位列第17位，排名持续上升。

早在2011年，在紫竹高新区的建设发展进程中，在经济实力的快速增长，企业成长能力进一步提升，高新区产业结构不断调整，科技创新能力稳步提高，创新创业环境持续优化的良

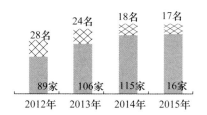

**图 3-3 紫竹高新区在全国高新区的综合排名**

好发展形势下,高新区从长远发展战略规划出发,深刻认识到国际国内的发展环境正在发生深刻的变化。全球范围内以科技创新为引领的产业变革正在不断深入,国内的经济发展则面临着深化改革开放,加快转变经济增长方式的挑战。高新区作为发展高新技术产业的重要载体和实现创新驱动、内生增长的先行者,需要思考如何在这一轮"调结构、转方式和加快建设创新型国家"发展中,顺应发展趋势,具有明确的历史担当。基于对国际、国内、上海、高新区等一系列基础和条件的综合考量,经过运筹帷幄,高新区提出了完善科技创新服务体系,打造科技服务聚集区,优化知识产权软环境,提升企业知识产权的创造、运用、保护和管理能力的发展目标。

## 二、 尝试开展知识产权托管

### (一) 开展知识产权托管的意向

在对高新区企业的走访过程中,高新区发现作为高新区重要发展力量的中小型科技企业,专业人员缺乏,传统知识产权服务的针对性不足,中小型科技企业的知识产权工作举步维艰、收效甚微,同时,对于高新区一些大企业的知识产权服务要求,高新区也很难及时进行响应和满足。这些问题不但影响到企业的知识产权工作和经济发展,也对高新区完善科技服务创新体系，提升知识产权服务能力的目标实现构成障碍。为了有效解决上述问题，更好促进高新区和企业知识产权工作的开展，高新区在2011年下半年与上海大学知识产权学院进行了多次沟通和协商，达成为期一年的合作意向，开展高新区知识产权托管的可行性研究，探索高新区知识产权托管的发展路径。

在这一年的意向合作中，通过连续的走访、访谈和调研，结合企业的要求和高新区自身条件，高新区认为开展知识产权托管工作，不但有必要，也是完全有可能的。基于高新区已有的高科技产业结构、科技企业和人才集聚的发展状况，以及区内当时正式启动了以中国（上海）网络视听产业基地为核心文化科技产业的建设，知识产权工作的重要性毋庸讳言，为企业量身定制知识产权的一揽子服务，提供知识产权公共服务和专业化服务成为高新区科技服务创新体系的应有之义。与此同时，通过知识产权托管，引入外来的知识产权专业力量，不但可以完善高新区孵化器功能，有效帮助高新区中小企业开展知识产权工作，还可以满足大中型企业知识产权服务的专门需求。通过知识产权托管，构建高新区知识产权服务体系，提升高新区的科技服务能力，扩大高新区产业集聚的吸引力，为高新区的创新及快速发展增添动力和活力。

意向合作一年以来，根据区内企业反映的问题和要求，托管研究的成果，以及托管工作的部分成果，高新区上下对知识产权托管达成共识，决定正式开展知识产权托管工作。

**（二）确立知识产权托管的基本模式**

高新区知识产权托管是从无到有的，先是从小企业入手，数量不在多，但贵在又专又精。首批知识产权托管于2012年正式启动，高新区联合上海大学知识产权学院正式签署了知识产权托管协议，成立了知识产权办公室，定期派驻专家、研究人员在岗在位答疑解惑，跟随高新区知识产权工作者一起走访企业排忧解难。首批选择的入托企业共5家，均为根据企业意向，由高新区挑选出来的科技型中小企业，有一定的科研成果基础，却没有像样的知识产权工作经验。由于企业数量不多，首批托管采用了高新区统筹协调下的知识产权顾问的托管方式，通过一对一，即一家企业对一位知识产权专家的形式开展托管工作。经过几个月的试点，知识产权托管取得了一系列的进展，不但成功推进试点企业华鸢机电与高新区内的申联生物医药开展多肽合成仪的项目对接，而且还帮助试点企业东锐风电解决了相关知识产权纠纷；协助试点企业冠勇科技控制企业发展中的知识产权风险，助推企业参加伦敦奥运会网络监控的投标等。

通过高新区的知识产权托管，帮助企业在软件著作权申请上实现零的突破；通过协助企业对技术路线进行论证，确定了企业研发路线，使企业在创新时少走弯路，帮助企业节约了研发时间与研发成本；还通过协助企业搭建网络维权渠道，通过其提供的网络版权维权服务，辐射带动相关企业的知识产权保护意识与能力的提升。正是首批托管取得的这一系列先期成果，坚定了高新区开展知识产权托管的信心，为全面推行知识产权托管奠定了基础。

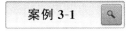

**冠勇科技，央视春晚的幕后英雄**[①]

上海冠勇信息科技有限公司成立于2011年4月，是由CEO

---

① 参见王悌云：《他们，是央视春晚的幕后英雄》，载《上海闵行》2015年8月10日。

吴冠勇博士领衔,上海交大博士团队、上海交大技术转移中心和上海市大学生科技创业基金会在紫竹高新区共同创建的。2012年,冠勇科技参加了紫竹高新区的首批知识产权托管。依托高新区知识产权托管服务,企业在信息科技领域拥有了达到国内领先水平的多项自主知识产权,并以其FBI-VIDEO影视版权监测系统这项过硬的技术,先后为土豆网、乐视网和央视春晚节目作了全程网络监控服务,获得了企业初创期的初步成功。冠勇科技的成功不仅来自于创业团队的较高起点,企业从领导层就极为注重科技成果的推广应用和知识产权的管理保护,也同样离不开紫竹高新区孵化平台的哺育、知识产权托管的支持、科委对公司的专业市场形成的支撑,还有政府部门人保局的政策扶持等各种助推能量。

冠勇科技的成功案例说明,面对市场的激烈竞争,科技企业的核心竞争力在于不断坚持科技创新,重视知识产权工作。同时,企业应积极依托高新区、协会的专业帮助,主动寻求政府政策的积极支持,以加速企业的发展。

## 三、全面推行知识产权托管

基于意向托管和首批托管所产生的良好效果,高新区开始全面推行知识产权托管。2013年5月30日,"知财论道"——上海紫竹高新区企业知识产权管理论坛隆重举行,会上高新区正式宣布紫竹高新区开展知识产权托管项目,希望通过知识产权托管,进一步提升紫竹高新区的知识产权工作,推进高新区知识产权环境建设,提高区内企业的知识产权创造、运用和保护与管理能力。为使知识产权托管落到实处,切实对高新区和企业起到帮助作用,紫竹高新区以建设上海知识产权示范园区,申报和建设国家知识产权试点园区作为高新区开展知识产权托管的航标,依托知识产权托管的各项具体工作和措施,逐条开展和完成试点示范园区建设的各项指标任务,并在这一过程中达到有惠于高新区和企业的目标。

### (一) 高新区知识产权托管

紫竹高新区通过知识产权托管办公室,嫁接、建设各种渠道,介绍、引入专业的知识产权服务机构,并在办公室的监督下,在总—分—总的知识产权管理前提下,为高新区企业提供有效的知识产权服务。一是高新区的知识产权服务工作。包括知识产权咨询和建议;知识产权培训;知识产权政策、新闻、案例和《知识产权咨询》介绍;为企业提供与企业知识产权工作相关的合同、制度流程等示范文本或模板等。二是引入专业的知识产权托管机构,结合市场操作,帮助企业开展知识产权经营性服务活动。三是通过建立高新区平台,提供政策优惠通道,帮助企业提升知识产权资产经营管理水平等知识产权工作。

经过三年多的知识产权托管,高新区已经形成了相应的知识产权服务体系,为落实国家、地方知识产权战略及其实施计划,提高高新区知识产权服务水平,推进高新区知识产权文化氛围建设作出了积极的贡献。

### (二) 企业知识产权托管

高新区知识产权托管不但要在高新区层面建立知识产权服务体系,完善科技服务创新体系,更重要的是要帮助推进高新区企业的知识产权工作,包括为孵化小微企业提供知识产权给养,培育科创企业的发展;通过提供支持和扶持手段,帮助中小企业克服知识产权的人、财、物困境;通过提供知识产权专业服务和渠道,帮助大型企业解决发展遇到的问题。截至2015

年6月,仅在中小企业的知识产权托管工作上,高新区在中小企业申请的基础上,通过审核,已经分期、分批组织了三十多家企业入托,取得了良好的成效。

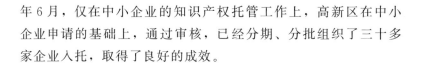

**知识产权托管助力汉翔公司化解国际纠纷**[①]

上海汉翔信息技术有限公司成立于2008年,主要产品为"触宝手机输入法""触宝电话"等手机应用软件。2009年,汉翔荣获全球移动通信系统协会(GSMA)颁发的全球移动创新大奖总冠军。2012年12月,汉翔在进军美国市场后受到全球最大手机输入法纽昂斯(Nuance)公司337专利调查的起诉。作为知识产权托管的入托企业,高新区知识产权托管办公室立即帮助联系了上海市知识产权局寻求政策支持,同时又联系了一批知识产权领域专家,共同研究对策、搜集证据,在证据质证阶段前完成了对纽昂斯的起诉,并委托专利代理公司对纽昂斯的同族专利提起了专利无效请求。2013年9月24日,美国国际贸易委员会(ITC)下达了速裁令——触宝科技不侵权。随后,纽昂斯主动提出和解,并同意触宝科技的产品无障碍继续进入美国。2013年10月21日,纽昂斯向ITC和美国地方法院递交撤诉申请,撤销所有针对触宝科技的专利诉讼,触宝科技也同时撤销了在上海针锋相对的诉讼,双方达成和解。当前,汉翔的触宝电话全球用户超过1.5亿,触宝输入法是全球第二大的手机输入法,拥有超过2.5亿全球用户,公司员工人数约300人,完成了6969万美元的股权融资。

---

① 参见《上海紫竹创业投资有限公司孵化器成功孵化案例》,载《紫竹知识产权通讯》2015年第4期。

# 第二节 高新区知识产权托管的工作成果

## 一、在知识产权创造上取得量和质的同步提高

近年来,紫竹高新区的企业在知识产权申请上出现了三个方面的变化:一是在专利申请数量上趋于理性,更加注重专利质量;二是更加重视知识产权运用和保护能力的提升;三是知识产权影响力不断增强,涌现了一批有代表性的企业,如国家纳米工程研究中心、吉尔生化(上海)有限公司、上海至纯洁净系统科技股份有限公司、中国航空无线电电子研究所等。截至2015年年底,高新区累计的专利申请量约为17390件,其中发明专利约16040件,约占总申请量的92%;专利授权量为9236件,其中发明专利7888件,约占总授权量的85%;每万人专利拥有量约为4712件,每万人商标注册量为0.91个。

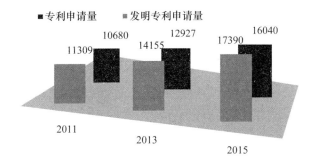

图3-4 紫竹高新区的知识产权情况

## 二、知识产权管理水平逐步提高

1. 改进知识产权政策体系

从工作规划和政策体系建设的角度而言,紫竹高新区从2013年起每三年制订一次《紫竹国家高新区知识产权三年行动方案》,并严格按照方案予以执行。同时,高新区根据企业的实际需求和发展特点,适时出台了促进知识产权工作的相关政策,帮助企业从创造、运用、保护、管理和人才培养等多方面提升知识产权综合能力与实力,有效地促进了企业的发展。另外,知识产权作为主要指标已列入紫竹高新区的统计范围,并已形成月报制度。

2. 完善知识产权工作体系

从工作体系建设的角度而言,高新区成立了知识产权工作领导小组和工作小组,在机制、体制上保障知识产权工作的顺利进行。知识产权领导小组由紫竹高新区党委书记、副总经理任组长,各子公司领导为领导小组成员,投资服务中心总监担任工作小组组长,旨在把知识产权服务全覆盖到所有注册在高新区的企业。高新区领导多次在相关会议上强调指出要重视知识产权工作,提升知识产权工作的深度与广度,在工作机制上开拓创新。同时,高新区还给予人、财、物的全方位支持,并配备专职人员和专项资金。

3. 提高知识产权运用转化能力

高新区积极推动知识产权产业化项目,促进专利、商标、版权的许可转让工作,一方面促成邀请专家、学者对企业探索知识产权转化机制进行指导,帮助企业实现科研成果转化,开发知识产权许可、转让、投融资等多种运营手段;另一方面,以高新区产业集聚发展为目标,为区内企业建立沟通合作机制,延长高新区产业链，完善区内企业相互的关联度和支撑性，构筑产业的完整性，实现高新区产业从集聚到集群的发展。

4. 提高知识产权保护水平

高新区通过提供咨询、资源和渠道等方式，帮助企业提高知识产权保护意识，掌握知识产权维权方式，通过诉讼或非讼方式实现维权成果，帮助区内企业走出国门，在国际市场上通过知识产权诉讼等方式，有效维护企业的知识产权权益。正是经过各种措施并举，高新区知识产权保护情况较好，从未发生群体性、反复、恶意的知识产权侵权事件，知识产权保护工作的社会反响良好。

## 三、营造良好的知识产权文化氛围

紫竹高新区不断整合宣传资源，加大宣传的覆盖面和普及率，以提高紫竹高新区企业对知识产权工作重要性的认识。在国家、上海市、闵行区各级知识产权局的指导和帮助下，紫竹高新区采用各种方法开展知识产权宣传活动，不但在高新区内形成良好互动，也通过巡回展示等方式将影响扩展至周边地区。通过各类宣传活动，高新区在各个层面全面普及了知识产权相关知识，树立企业知识产权保护意识，提升企业创新意识。另外，紫竹高新区还特别编纂了季刊《紫竹知识产权通讯》，方便企业了解高新区知识产权动态、高新区企业知识产权情况以及专家观点。

紫竹高新区建设至今，已经获得了数十项国家及省市级荣誉与资质，包括"海外高层次人才创新创业基地""中国（上海）网络视听产业基地""国家新型工业化产业示范基地（软件与信息服务业）""国家科技兴贸创新基地（生物医药）""全国文明单位""全国模范职工之家""上海国家生物产业基地""上海信息服务产业基地""上海品牌园区""长江经济带国家级转型升级示范开发区"等。其中,在知识产权工作方面,遵循逐步积累,循序发展的指导思路,紫竹高新区知识产权托管工作获得充分的肯定,不但得到了企业的高度评价,增加了高新区产业发展的吸引力,也得到了国家、市、区知识产权部门的认可。例如,2009年被评为"上海市知识产权试点园区";2012年成为"上海市版权工作服务站",并被评为"上海市知识产权示范园区";2013年被评为"上海版权示范园区(基地)";2014年被评为"国家知识产权试点园区";2015年被评为"全国版权示范园区(基地)"等。

# 第三节　紫竹高新区知识产权托管与其他园区知识产权托管的比较

## 一、各地知识产权托管的实践

### (一) 知识产权托管的实践概述

由于我国企业的知识产权管理起步较低,与国际市场上的竞争对手相比常常处于劣势地位,我国知识产权行政管理部门希望能够通过知识产权托管,帮助企业尽快提高知识产权管理水平,这使得我国的知识产权托管从模式设计到推广方式等,都带有比较浓厚的行政色彩。从各地知识产权托管的实践来说,我国的知识产权托管可以分为以下几种模式:一是园区知识产权托管。这是各产业园区为了落实国家知识产权战略推进工程,根据园区产业发展情况,依托园区平台,组织区内企业和入驻园区的知识产权托管机构共同开展知识产权托管行为的模式。这是一种三方甚至四方的知识产权托管，以国家政策、协议为依据，由政府机构、园区、企业、托管机构共同参与。二是企业知识产权托管。这是一种市场化的知识产权托管，企业基于自身知识产权工作的需要，与知识产权服务机构协商一致，以自愿平等、诚实信用为原则，由知识产权服务机构提供知识产权专业性服务，并由企业根据服务内容和质量提供托管服务费用的一种知识产权托管模式。这类托管的关键是托管双方遵循市场经济规律，以托管协议约束双方的权责利，产生争议纠纷时也通过民事方式来解决。三是政府知识产权托管。这是一种行政托管，是指国家知识产权行政部门依据法律授权或有效指定，委托相关部门、机构对国有知识产权实施的托管行为。目前在我国，第一种模式即园区知识产权托管最为常见，北京的知识产权托管工程和上海的专利托管就是较为典型的做法。

国外的知识产权管理模式可以分为三种：一是企业内设知识产权机构的管理模式。基于保护企业商业秘密的需要，绝大多数以技术立身的企业都选择在内部设立专门机构，开展知识产权管理工作，而不假手他人以防泄密。二是外设知识产权机构的管理模式。这种模式中知识产权管理机构是独立于企业之外的独立知识产权服务机构，通过签署协议的方式，与企业达成知识产权管理的合作，帮助企业开展知识产权工作。三是外包给专业机构的管理模式。即企业根据自己知识产权工作的需要，以特定工作目标为标的，通过协议将有关工作委托专业知识产权服务机构完成。国外知识产权管理较少有类似我国的政府、园区的知识产权托管模式，但上述三种模式在我国企业知识产权托管中也都有出现，是一种市场化的知识产权服务形式。

(二)园区知识产权托管的典型实例
1. 赛欧孵化器托管模式①

在北京的知识产权托管工程中，按照企业所处的不同阶段，企业的知识产权状况包括知识产权意识形成的培养阶段、知识产权资产积累阶段、知识产权战略规划的提升阶段和知识产权资产经营的成熟阶段等，为其提供量贩式知识产权套餐服务。为此，北京相继推出了北京丰台区的赛欧孵化器、北控孵化器、中关村科技园区等众多园区的知识产权托管工作，并取得了明显成效。

北京市知识产权局牵头在丰台赛欧孵化器开展知识产权局托管工程试点工作，经过托管各方的协同努力，取得了较好的绩效。

(1)赛欧孵化器作为合作平台，为知识产权托管机构和企业双方提供了一定的合作条件。这些合作条件包括为知识产权托管机构免费提供办公场所，为日常的知识产权培训免费提供场地等。赛欧孵化器将这些合作条件纳入自己的园区服务体系中，进一步完善了对园区企业的服务内容。

(2)政府部门提供了部分资助。由于本次知识产权托管工程由北京市知识产权局牵头，为了降低知识产权托管的服务成本，吸引更多的企业参与，政府方面特别提供了一部分的补贴，使得知识产权托管收费只相当于市场价格的一半，这对于调动中小企业和知识产权托管机构参加托管工程的积极性起到了明显的作用。

(3)托管企业提升了知识产权的管理水平。托管工程共有90家高新技术企业签订了入托协议，园区企业的知识产权入托

---

① 参见李鹏：《知识产权托管：探索企业服务新模式》，载《中国科技财富》2009年第13期。

率达到100%。这些企业往往都持有数量不等的专利等知识产权，但又存在知识产权管理人员素质较差，外包服务受成本限制，企业高层知识产权意识薄弱等诸多问题，导致企业出现知识产权工作混乱的局面。通过赛欧孵化器托管工程，园区企业得到了很多定期、免费的知识产权专业培训，同时还能通过优惠价格得到企业需要的知识产权专业化服务，受益匪浅。

（4）托管机构较好地完成了知识产权托管工作。参与本次托管工程的知识产权托管机构都是经过筛选入园的，拥有较强的知识产权服务能力。托管机构平时会向园区派驻专门的知识产权托管工作人员，随时为企业提供各种有关的知识产权服务。在政府补助下，在园区托管业务量的保证下，以及园区免费办公条件的支持下，托管机构的运营成本较低，这样即使在较低的收费标准下仍然可以获取一定的利润。

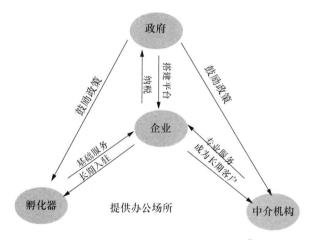

图 3-5　北京知识产权托管工作模式①

---

① 参见李鹏：《知识产权托管：探索企业服务新模式》，载《中国科技财富》2009年第13期。

## 2. 专利托管

2008年,上海硅知识产权交易中心与上海张江企业孵化器经营有限公司、上海市光电子行业协会、上海市集成电路行业协会签订了专利综合服务托管协议,在国内首次推出专利托管这一知识产权托管形式。

专利托管是指在专利所有权不变的前提下,专利权利人将自己的知识产权管理业务委托给专业机构进行一揽子管理的服务方式。专业机构受专利权利人委托,在托管期限内开展专利的维护管理、谈判许可、市场分析、价值评估、实施融资等事务性工作,并对提供服务的会员机构实行监管。通过专利托管,可以帮助企业特别是中小科技型企业解决知识产权管理难的问题,使其在创新过程中能够专注于专利的研发创造,而把知识产权管理业务外包,从而有效降低了中小企业的创新成本。①

上海硅知识产权交易中心的专利托管包括知识产权交易托管、行业或园区知识产权服务托管、企业知识产权服务托管三类。

根据上海知识产权园的专利托管实践,② 其托管内容包括:

(1) 企业专利常效托管服务。专利文件的基本信息总汇管理;专利事务管理(包括:任务、来文、发文、费用、年费等);专利信息检索;专利事务查询;专利申请及审查流程管理;专利汇总分类管理;专利工作提醒(包括:任务、来文、

---

① 参见孔元中:《本市推出"专利托管"模式降低中小企业创新成本》,http://www.sipa.gov.cn/gb/zscq/node1/node11/userobject1ai6668.html,2015年11月12日访问。

② 参见张莹:《"专利托管"降低小企业创新成本,上海知识产权园推出系列举措支撑企业创新》,http://www.sipa.gov.cn/gb/zscq/node1/node76/node79/userobject1-ai7547.html,2015年11月12日访问。

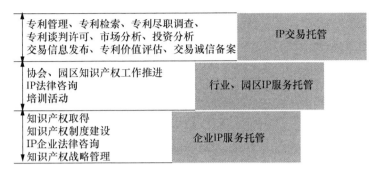

图3-6 上海硅知识产权交易中心的专利托管模式

发文、费用、年费等);分析企业实际情况,为企业推荐专业的专利机构。

(2)企业专利战略服务。专利检索、数据汇总、评价分析、形成报告;根据用户要求对特定主题的专利技术信息的要求,开展专利专题定制推送;制作专利专题数据库,开展专利情报跟踪等。

(3)商品专利法律状态管理服务。专利有效性检索;状态进行的检索;专利地域性检索;出具专利法律状态检索报告;涉及相关专利所产生的法律纠纷,免费推荐专业的律师事务所等。

## 二、 园区知识产权托管的比较分析

我国从2008年开始知识产权托管试点工作以来,知识产权托管工作已经历经8年,从目前的发展实践来看,依托产业园区的知识产权托管工作得到了大范围的普及,但是就知识产权托管的实际效果而言,似乎又没有完全达到预期的目标。

## （一）知识产权托管目的：帮助企业解决实际问题

1. 目的不够明确，定位没有摆正

无论哪种模式的知识产权托管，其最终目标都是通过知识产权托管的专业化服务，满足企业知识产权管理的需求，提高企业的经济效益。我国现行应用最为广泛的园区知识产权托管是由政府倡导的一种知识产权管理模式，参与各方的目标定位存在差异：一是从政府角度，希望这种模式能够培育企业的知识产权管理意识和能力；二是从园区角度，希望这种模式可以满足企业发展需要，完善园区自身服务体系；三是从企业角度，希望少花钱，能够解决实际问题；四是从托管机构角度，希望通过提供知识产权服务，得到相应的对价报酬。各方出发点不同，如果不能协调统一，就可能无法实现开展知识产权托管的目的。其中又以企业和托管机构的目的最为重要。

知识产权托管归根结底是一种市场化服务，是企业与托管机构的一种服务契约，如果这两方的目的无法完成，那么知识产权托管的目标就不可能实现。我国目前的知识产权发展水平，使得很多企业无法自发产生这种服务需求。就如一些企业所言，知识产权托管对企业而言是减分工作，不是加分工作，因为托管给企业带来的利益是隐性的，这导致很多企业根本不重视。只有在遭遇诉讼赔偿、竞争失利等情况，需要付出更高的经济代价时，企业才能认识到知识产权托管的意义。而托管机构是市场主体，如果无法从服务行为中得到应有的对价，则结果是要么提供的服务大打折扣，要么没有提供服务的机构参与。

如果我国知识产权发展达到一定高度，这一市场需求自然会出现，问题就会迎刃而解。可是，为了加速这一进程，我国采取通过政府和园区这两大外部力量来加以引导、推动和扶持。

从发展现状来看，知识产权托管得以顺利开展，是与政府、园区的政策、资金等各种支持手段分不开的，可是这种推动如果无法转化为真正的内部动力，那么效果依然是有限的。例如，当企业遇到资金问题时，首先想到的还是直接找政府寻求帮助，而不是通过挖掘自身知识产权资产的价值，通过知识产权托管的融资来解决问题。

2. 紫竹高新区的做法

紫竹高新区是民营高新产业园区，知识产权托管是在国家政策引导下，由高新区自行主导，通过与企业协商，引入知识产权托管机构，开展知识产权托管服务的。其中，高新区知识产权托管的最主要目标是通过由高新区自己买单，建立高新区知识产权服务体系，为区内所有企业提供免费的知识产权服务，提升高新区的知识产权管理声誉，增强高新区招商引资、产业集聚的吸引力。由于定位非常清晰，知识产权托管参与的四方都能各尽所需，因此托管工作开展得比较顺利，成效也比较明显。

其中，通过参与知识产权托管，得到免费服务的企业如果需要更加专业化的知识产权服务，既可以通过高新区知识产权托管平台，也可以直接走市场化路径，寻找知识产权服务机构来提供服务。这是紫竹高新区知识产权托管的溢出效应，但并不是高新区知识产权托管的直接目标要求。

**（二）知识产权托管市场：加强规范化管理**

1. 市场尚未成熟，服务不够专业

知识产权托管作为一项专业化服务，对知识产权托管服务机构和服务人员提出了较高的专业性素质要求，知识产权托管机构的专业能力对知识产权托管的开展存在很大的影响。当前，我国知识产权托管的主要内容就是传统的"专利代理＋商标代理＋法律顾问"的简单组合，虽然可以满足企业的知识产权管理的基本需求，但却无法满足企业知识产权服务的高端需求，服务机构的业务能力滞后于有些企业的实际发展。针对大型企业一般都有自己的一整套比较完善的知识产权管理体系，常常会对知识产权服务提出特别要求，中小企业则往往连知识产权管理体系也不全，派人兼职走形式需要全套服务的现状，知识产权托管机构需要丰富知识产权的服务菜单，设计不同的知识产权托管服务形式，提升知识产权托管的服务能力，如此才能真正成为市场的乙方，促进知识产权托管的市场发展和完善。

有企业认为，在市场规则不明晰，可选择的托管机构有限，缺乏有效评价机制的情况下，参与知识产权托管可能遭遇一系列的市场风险，包括：企业商业秘密的外泄或者知识产权侵权；无从判断知识产权服务机构所提供的服务对于企业的价值，也就无法选择知识产权托管机构和服务内容；当知识产权托管的服务质量问题引发争议时，缺乏参考的评判依据；知识产权托管并不等于委托交易，很多托管机构没有办法解决企业知识产权交易的主要难题等。这些由于知识产权托管的专业性要求所产生的壁垒，正是知识产权托管市场不成熟的体现，也是企业对知识产权托管迟疑的重要原因。

2. 紫竹高新区的做法

紫竹高新区在正式开展知识产权托管前，曾做了很长时间的准备工作。通过意向合作、小规模托管等方式，从中寻找与高新区契合的合作单位。为了避免托管机构的浮躁给知识产权托管工作造成不良影响，在高新区知识产权托管层面，选择与高校合作，主要开展公益性知识产权托管合作；在企业知识产权托管层面，仅以平台和顾问的角色出现，提供知识产权托管机构的推荐清单，企业可以在清单内，也可以在清单外，自主选择知识产权托管机构开展市场化合作。高新区在其中仅仅发挥沟通、协调、支持和帮助的作用，并不直接参与企业与知识产权托管机构之间的知识产权托管合作。通过保持中立性地位，使得高新区能够更有立场和方法来促进知识产权托管工作。

**（三）知识产权托管模式：创新制度设计**

1. 制度缺失，特色不明显

知识产权托管要成为真正有效的知识产权管理模式，需要在模式架构、制度设计、内容管理、收费模式等方面进行合理创新，不但区别于现行的其他知识产权管理模式，也能够符合我国开展知识产权托管的要求和条件，使之在市场上因为具有不可替代性而得到认可。由于我国知识产权发展历史并不长，没有发达国家所经历的知识产权保护成长期，在如何制定和运用知识产权制度和政策方面缺乏经验，同时，我国社会主义市场经济还不完善，社会普遍缺乏规则意识和信用意识等，因此，我国在开展知识产权托管时会遇到各种问题。发达国家的知识产权制度既是基于自身发展的需要，又是文化传统的当然要求，而在我国，知识产权制度既没有历史传承，也缺乏文化土壤。

当前，国家知识产权局、工业和信息化部共同制定的《中小企业集聚区知识产权托管工作指南》是我国开展知识产权托管的主要依据，但包括《知识产权托管工作手册》《知识产权托管服务机构遴选办法》《知识产权托管工作考评办法》等在内的指导性文件迟迟没有出台，使得知识产权托管中很多具体问题如何解决缺乏制度依据，引发诸多争议。而设计具有特色的知识产权托管制度，首先，需要积极听取托管各方的需求，设定合理的制度目标；其次，既要考虑法律因素，如制度选择所涉及的法律理念、法律内容以及法律形式等是否具有先进性、合理性和科学性，也要兼顾非法律因素，即制度实施所面临的经济环境、技术状态、文化观念、政府公共政策体系等；最后，大胆创新，小心求证，通过创新设计凸显知识产权托管的必要性和可行性。

2. 紫竹高新区的做法

紫竹高新区秉持执行有制度、有机构、有人员、有经费的"四有"知识产权制度建设原则开展园区知识产权托管工作。根据高新区知识产权托管的进程，高新区已经相继发布了《上海紫竹高新区知识产权行动方案（2013—2015）》《紫竹高新区企业扶持专项实施意见》《紫竹园区知识产权托管工作考核标准》《紫竹高新区知识产权政策体系》等一系列文件，为高新区知识产权托管工作的顺利进行保驾护航。

综上所述，我国现行的园区知识产权托管可以在大范围内普及知识产权的基础管理，这符合我国现阶段的企业发展要求，也是开展高层次知识产权托管的必经之路。正视当前在知识产权托管中出现的各种问题，通过制度完善、市场建设和协调发展，可以更加凸显知识产权托管的地位和价值。

## 案例 3-3

### 上海紫竹高新区知识产权托管中的佼佼者——冠勇科技

近年来，随着我国经济高速发展，科技力量不断增强。网络与硬件的发展促进了新媒体的繁荣，这在网络视听产业中表现得尤为明显。根据中国互联网信息中心（CNNIC）发布的《第33次中国互联网络发展状况统计报告》显示，截至2013年12月，中国网络视频用户规模达4.28亿，增长率为15.2%。网络视频使用率为69.3%，与上年底相比增长了3.4%。同时，手机端在线收看或下载视频的用户数为2.47亿，与2012年底相比增长了1.12亿人，增长率高达83.8%。以网络为代表的新兴媒体不仅成为文化宣传的重要阵地，也已成为文化产业的主力军和经济增长的新亮点。与此同时，视听新媒体如何有效地保护版权的问题也变得越来越突出。在现有网络视频行业缺乏网络监测技术和监测力量支持的情况下，侵权事件屡有发生，案件数量呈直线上升趋势，这对我国网络视听产业的发展造成了极大的阻碍。

早在2011年4月，上海冠勇信息科技有限公司就看到了这个问题，找准企业定位，借助于上海紫竹高新区的孵化机制，成立了这家专门从事海量图像搜索、智能语音搜索、文本采集等方面的应用软件产品的开发、销售、技术服务以及系统集成等的企业，并期冀通过技术领先优势，发展成为中国最大的第三方版权大数据监测服务机构。经过努力，冠勇科技以领先的新媒体影视版权大数据监测平台为核心，为包括中国网络电视台（CNTV）、SMG集团、优酷土豆、腾讯网、乐视网、搜狐视频、美国华纳等在内的多家新媒体提供版权监测、版权代理等技术服务，完成多项重大项目的版权监测，取得了良好的效果：(1) CNTV。2012年以来，冠勇科技与CNTV多次合作，为其成功监测了各届春晚、2012年伦敦奥运会、2014年索契冬奥会等大型直播综艺、赛事，保护了央视网相关节目的新媒体独家版权。仅2012年伦敦奥运会直播期间，就监测到15000条点播链接及 8000 多条微博链接，协助下线处理近 18000 条链接，有效保护了伦敦奥运会新媒体版权。(2) 华纳兄弟（Warner Bros.）。2013 年，冠勇科技帮助华纳兄弟实现院线大片《了不起的盖茨比》在中国新媒体播放平台的版权监测，在一个月内监测到 1000 多家视频网站盗播该片，同时冠勇科技为该片提供了维权解决方案，保护了该片院线期间的票房收入。(3) 知名视频分享网站。2013 年，冠勇科技携手优酷土豆等中国知名网络视频分享网站，为其享有独家版权的内容提供全网、全年监测服务，共建新媒体行业应用新模式。正是基于领先的监测技术，冠勇科技 2013 年成为北京网络版权保护中心的合作机构，为该中心提供版权监测技术服务。"冠勇科技 FBI-VIDEO 影视版权大数据监测系统可解决人工维权的跨多个终端、IP 屏蔽、监测版权数量及时效等几大难题，能够帮助版权方在 PC、手机及 IPAD、OTT 及 IPTV 等多个终端进行实时、海量的直播与点播版权监测，帮助版权方全方位维权，保护版权内容价值。"除了新媒体的版权监测服务外，冠勇科技的其他技术服务也得到了市场的好评。例如，公司的 FBI-MAM 智能云媒资管理系统成功地为山东网络电视台、SMG 新媒体等新媒体平台提供服务；FBI-CASE 影视版权案件管理系统则成功地为乐视网提供了相应服务。

在紫竹高新区孵化机制下茁壮成长的冠勇科技，基于领先的行业技术和优质的服务水准，不但成长为一家通过技术为各大新媒体企业有效维护知识产权提供帮助的高科技企业，而且作为紫竹知识产权托管的首批企业之一，在知识产权托管办公室的指导下，其知识产权工作也取得了一定的成绩。冠勇科技专注于海量视频搜索、图像搜索、音频搜索、文本采集等核心技术的研发，核心团队历时六年自主研发的核心专利技术"海量视频图像内容搜索API"在新媒体版权监测市场中久经考验，已经成为行业的领先标准。根据高新区知识产权托管服务中心专家的建议，冠勇科技积极申请专利和商标，办理软件著作权登记，现已拥有多项发明专利、商标、软件著作权等自主知识产权。同时，公司还落实了由行政部专门负责，技术部协调配合公司的知识产权申报与管理机制。具体而言，就是由行政部全权负责公司商标的申报与管理；当涉及专利和软件著作权等以技术研发为基础的知识产权申报与管理时，则在技术部的配合下由行政部完成申报与管理工作，即技术部在研发的基础上提供相关的申报资料，汇总至行政部，再由行政部继续进行申报和管理工作或委托相应代理机构完成申报工作。此外，公司还根据专家建议，设立了法务部，由6至7名员工组成，包括1名有专利工程师资格且为知识产权专业毕业的知识产权工作者，专门负责为客户提供知识产权版权保护服务等。

冠勇科技的成长既是产学研中科技成果孵化的成果反映，也是紫竹高新区知识产权托管的成效体现，两者相得益彰，共同促进和发展。[①]

---

[①] 参见熊海萍：《影视版权监测领航者——冠勇科技》，载《紫竹知识产权通讯》2014年第3期。

# 第四章
# 紫竹高新区知识产权托管的实证分析

  紫竹高新区在知识产权托管实践中,从高新区和企业两个层面开展托管工作,通过公共服务、基础服务和专项服务三个模块,着力构筑独具特色的高新区知识产权托管模式,尽最大努力满足高新区以及区内企业的知识产权服务需求,落实知识产权制度政策要求,实现高新区的知识产权工作目标。

# 第一节　高新区知识产权托管的计划与流程

## 一、知识产权托管模式的选择

紫竹高新区从2011年开始组织实施知识产权托管，结合高新区情况和定位，制订了知识产权托管目标。根据托管目标，高新区的知识产权托管主要由两部分组成：一是高新区知识产权托管工作；二是依托高新区平台，落地高新区企业的知识产权托管项目。

（一）高新区知识产权托管的模式建构

紫竹高新区的知识产权托管分为高新区和企业两个层面，开展高新区知识产权托管服务和企业知识产权托管项目。

1. 成立知识产权托管办公室，在高新区领导直接领导下，落实、负责高新区知识产权托管服务的具体工作。

（1）组织普及。为高新区的产业、企业提供全覆盖的知识产权基础工作，包括知识产权平台服务、知识产权宣传和培训、知识产权专题活动等。

（2）统筹协调。在高新区实行知识产权的统一管理和综合管理，整合区内和区外的知识产权资源，构筑满足企业从内容、人才到专项、战略要求的全方位服务体系和沟通渠道。

（3）管理监督。通过多层次、多内容的知识产权工作，及时掌握产业的知识产权动向，了解企业的知识产权发展状况及需要解决的问题，适时提供解决方法，并通过及时反映相关要求，建设有利于高新区产业集聚的知识产权文化生态。

（4）经济实惠。依托政府支持和高新区投入，有效实现资源共享，为高新区产业发展和企业知识产权工作提供知识产权公益服务，帮助企业节省大量人力、物力资源。

2. 建立知识产权工作机制，根据区内企业知识产权托管的具体情况和不同要求，在高新区知识产权托管办公室的领导下，依托高新区知识产权专家团队和资源，开展企业知识产权托管项目，项目可以分为中小型企业的孵化器托管和企业的法律诊所托管。

（1）专业性强。企业知识产权事务十分复杂，具有很强的专业性，知识产权托管可以解决企业因知识产权人才匮乏难以设立专门知识产权工作部门和配备专门知识产权人员的困难，或专业的知识产权难点问题，满足企业知识产权日常工作和专项工作的需要。

（2）预防为主。通过知识产权托管的服务工作，帮助企业控制知识产权风险，排除知识产权的巨大问题隐患，有效地防止知识产权纠纷的发生，起到防患于未然的目的。

（3）方便快捷。通过定岗定时、上门走访、内修外联等服务方式，能及时、快捷地解决企业知识产权的日常问题和突发问题，也可以提供相关渠道和途径，寻找到相关资源开展更深入的知识产权工作。

（4）极具经济性。企业不仅可以免费享用高新区知识产权托管的公益服务，而且可以优惠利用高新区知识产权服务资源解决更加专业的问题；即使遇到需要更加复杂的知识产权的服务需求时，也可以通过高新区渠道及时找到知识产权的对接服务，避免市场盲目和服务质量风险。

## (二) 高新区知识产权托管的主要形式

紫竹高新区知识产权托管的服务可以分为三大模块，即将知识产权需求分成上中下三个区域，分别对应知识产权的专项服务模块、基础服务模块和公共服务模块。

1. 高新区的知识产权托管：公共服务模块

高新区知识产权托管主要是从高新区层面建设高新区的知识产权公共服务体系，完善高新区科技创新体系。这意味着高新区的知识产权托管一方面比较全面、宏观，工作计划应涉及知识产权管理的所有方面，构建适合知识产权工作开展的环境和文化氛围；另一方面，高新区知识产权托管与企业知识产权托管无缝对接，在高新区知识产权部门的指导和监督下开展企业知识产权托管，通过高新区直接的行动或活动，帮助企业解决知识产权工作问题，是高新区知识产权工作的一部分，同时也通过搭建渠道和接口，帮助知识产权托管机构落地企业内部，开展企业知识产权的微观行动，协助企业建构自有的知识产权管理体系。

（1）服务内容

• 根据高新区要求，为企业提供知识产权工作日常咨询和建议；

• 根据高新区具体计划，为企业提供知识产权培训、宣传，参加相关活动；

• 定期提供知识产权资讯信息，包括但不限于知识产权相关政策、新闻、重要案例；

• 不定期提供知识产权工作活页，包括但不限于与企业密切相关的知识产权法律法规、合同文本、制度模板、业务办理须知；

- 协助高新区制订、部署和完善知识产权规划、工作方案、管理制度等;
- 协助高新区进行并完善知识产权信息化和档案管理;
- 参加高新区举办或参与的各类知识产权重大、专项和服务活动;
- 指导、参与、监督高新区的企业知识产权托管项目;
- 其他协商一致的知识产权托管服务。

（2）服务效果

高新区知识产权托管已经成为紫竹高新区知识产权工作的特色,获得了多项知识产权工作的荣誉和资质,形成了较好的声誉,丰富了高新区科技创新服务体系的内容,为区内高新科技产业在技术和市场上的发展提供知识产权法律上的支持和保护,成为高新区知识产权服务的一大亮点。

**资料 4-1**

## 紫竹高新区开展高新区知识产权托管

为了帮助初创期的科技型中小企业解决打理知识产权这一"金娃娃"的问题,紫竹高新区开创了知识产权托管模式——引入的专业第三方机构不仅是中小企业的智力"高参",还将行使"医生"职能,诊断潜在的专利风险,是一种为企业提供服务的新模式。紫竹高新区党委书记骆山鹰表示,在讲求"开放式创新"的今天,知识产权的价值正在"提前"。它不再仅是保护自己创造的价值的武器,而成为互补有无、创造更大价值的"敲门砖"。高新区推出的知识产权托管正是因应这一变化而提供的新型服务，打造由专业机构为企业提供知识产权标准化服务和日常咨询的平台，有助于企业增强知识产权意识，强化知识产权布局。而找到上海大学知识产权学院这一合作方，则一举解决了困扰知识产权托管的专家来源问题，也让知识产权托管长效化、稳定化成为可能。①

2. 高新区中小企业的孵化器托管：基础服务模块

高新区孵化的种子企业尽管有技术、有创意，但在与企业发展性命攸关的专利、商标、著作权、商业秘密等知识产权的规划方面则存在诸多问题。有些企业仅看到当前的生存困难，为了节省法务预算，导致公司缺乏知识产权专业人员的指导，无法在公司的设立和经营中控制和规避知识产权风险，从而埋下企业发展的危机隐患，等到问题爆发时才发现布局已晚。为了帮助孵化企业解决这一问题，建立以知识产权为核心的竞争能力，紫竹高新区与孵化企业一起制订了孵化企业的知识产权发展规划，主要内容包括孵化企业项目优选、知识产权管理与保护工作的企业孵育全过程导入与涵盖、指导孵化企业开展知识产权工作等，从而帮助孵化企业培育、提高企业内部的知识产权的研发能力、管理能力、转化能力、保护能力等知识产权的基础工作能力。

（1）服务内容

• 制定知识产权制度规章和知识产权工作的流程；

• 培养从事知识产权工作的专门人员，促进知识产权管理机制建设；

---

① 参见沈湫莎：《紫竹张江等高新技术园区率先开创知识产权托管模式》，载《文汇报》2015年2月10日第2版。

- 厘清知识产权种类，制订知识产权清单，建立知识产权档案制度；
- 制订知识产权文件模板，开展知识产权合同管理工作；
- 开展专利检索、专利申请、专利预警等基础工作；
- 提供知识产权的咨询、培训和指导服务；
- 提供知识产权保护文本，为知识产权诉讼等争议提供建议等；
- 其他知识产权的基本工作。

（2）服务效果

紫竹创业孵化器体系是为高新区培育种子企业的重要载体，累计已孵化近百家优质创业企业，为来自上海交通大学和华东师范大学两所高校、高新区重大规模入驻企业和社会创业者提供全方位、多元化的创业扶持。紫竹高新区的知识产权孵化器托管致力于为科技型中小微企业提供知识产权基础服务，充分发挥了高新区知识产权服务体系在企业孵化中的培育作用，助力企业快速成长。

案例 4-1

## 孵化企业参加紫竹高新区托管获得长足进步

紫竹高新区知识产权孵化器托管的首批企业中有一家高科技公司，专注于宽带通信领域的技术研究、产品开发和销售，重视技术的专利保护，拥有商业 Wifi、企业网 Wifi、无线农宽、LTE-Wifi 融合终端、Wifi 安全产品、Wifi 物联网六大产品系列和多项核心专利。超过 10 款产品为国家和上海市重点新产品。

目前公司已经申请 Wifi 专利超过 100 项，软件著作权 30 多项。在紫竹高新区的参与投资下，该公司已获得外部融资数千万，并于 2015 年在新三板挂牌上市。

公司在孵化、发展壮大的过程中非常重视专利保护工作。公司专利战略重点在于申请并保护产品研发过程中产生的专利技术，其中又以申请发明专利为主。为了更好地开展专利工作，公司将专利的申请及维护交由相关代理机构负责，并通过培育"专利试点企业"培养专职专利工作者；同时还制定了相关的专利工作流程并在公司范围内推广及应用。除申请专利保护之外，公司也开展了软件著作权及商标保护工作。其中，软件著作权的登记及相关事宜委托给了专门的知识产权代理机构负责。由于公司目前拥有几十个商标，因此聘请了商标代理机构负责商标的申请及维护工作。公司还设立了专门的知识产权维护及奖励款项，用以支持公司的知识产权保护工作。①

3. 高新区企业的法律诊所托管：专项服务模块

紫竹高新区的知识产权法律诊所托管，是指依托法律诊所的"接诊、出诊、会诊、辅诊、义诊"的五诊机制，开展知识产权专项服务工作，解决区内企业知识产权工作中遇到的疑难杂症，协助这些企业的内部知识产权管理机构进一步深化知识产权工作，帮助企业进一步挖掘知识产权价值，提升知识产权核心竞争力。

---

① 参见《上海紫竹创业投资有限公司孵化器成功孵化案例》，载《紫竹知识产权通讯》2015 年第 4 期。

（1）服务内容

• 为企业代理国内外发明、实用新型、外观设计专利以及商标注册申请，代理作品著作权登记，代理专利复审、商标评审、专利无效以及商标异议/撤销事务等；

• 知识产权产品的技术研发、市场开发和运营管理等；

• 起草、修改、参与关于专利、商标、著作权等知识产权的许可、转让等文本工作和谈判工作等；

• 帮助企业建立数据库，开展知识产权的电子化管理，提供知识产权专题检索分析及预警保护的标准化服务；

• 参与企业的知识产权投融资活动；

• 提供知识产权纠纷及侵权的法律服务，包括市场监视、知识产权的海关备案、调查取证、庭外调解、申请行政调处及提起诉讼等；

• 制订企业知识产权战略和实施方案，参与方案的执行与活动等；

• 其他的知识产权法律事务。

（2）服务效果

高新区的知识产权法律诊所托管能有效协助企业挖掘知识产权的经济价值，扩展企业专利技术的保护范围，提升创新能力。帮助区内企业在内部的知识产权管理经营上取得突破，工作成绩得到企业高层的认同，将企业的知识产权工作纳入企业整体战略规划；同时，也能支持企业积极参与国内外的竞争，有效解决知识产权的各项争议。

### 案例 4-2

## 知识产权托管协助高新区企业探索
## 适合自己需要的知识产权发展道路

紫竹高新区有一家成立于2000年的高新技术企业，主要致力于超高纯工艺介质系统的整体解决方案提供以及相关技术咨询、设计、安装、测试、调试、培训和售后等服务。截至2016年初，公司持有专利35个，考虑到对外出口业务，公司开展了PCT申请；基于产品的市场营销需要，公司为每一类产品申请了对应的商品商标，也注册了服务商标，还进行了软件著作权的登记。另外，对于公司独家掌握的核心技术，则采取商业秘密的形式进行保护。

公司的知识产权工作，一方面与高新区知识产权托管对接，另一方面则在公司董事长的领导下，由公司公共关系部统筹安排，配合专职的知识产权工作人员和专业的知识产权服务机构落实开展。公司已经培养了专利工作者3名并正在积极培养专利工程师。公司依托高新区的知识产权公共服务平台和购买的数据库服务开展知识产权检索，也委托专利代理机构进行检索并组织数据库使用培训。公司每年会讨论制订知识产权申请、知识产权项目申报和知识产权预算计划，报经总经办批准后统一下达。公司鼓励技术研发中心等部门撰写申请、提供相关技术资料，并配合知识产权工作人员、知识产权代理机构开展知识产权申请和项目申报。

2014年，公司以建设上海"专利试点企业"为契机，在政府政策支持下，结合高新区公共服务平台服务，拨出专款开展知识产权工作。在委托专利代理机构起草专利战略过程中，为了培养自己的知识产权管理能力，公司各个部门，特别是技术部门被要求全力结合自身相关领域的研究状况，配合专利代理机构一起开展专利战略的撰写工作。公司将专利工作置于公司员工的考核与奖励标准之中，注资单独设立创新基金池，每年拨专项资金注入，用于奖励申请专利或者获得专利授权的研发人员，以激励专利工作的开展。

在公司的知识产权理念中，重视专利工作的目的在于保护与防御，而非攻击竞争对手。公司重视技术研发和专利申请的目的是摆脱对国外的技术、设备的依赖，为免受侵权诉累，公司特别重视就自身研发的技术成果申请专利，从而拥有核心竞争力的发展道路。①

## 二、知识产权托管的流程

### （一）高新区知识产权托管的基本步骤

根据紫竹高新区的定位和知识产权工作的目标，为了能够寻找到合适的知识产权托管机构，通过意向性合作和试点工作，最终选定高新区知识产权托管合作单位，根据托管目的要求，确立托管的内容和期限，为高新区建立知识产权服务平台，提供知识产权公共服务，通过平时考评与最终验收机制相结合的考核机制，保障高新区知识产权托管服务的顺利进行。

根据高新区知识产权工作的需要，紫竹高新区知识产权托管流程主要包括以下内容（见图4-1）：

---

① 参见紫竹高新区知识产权托管办公室企业走访记录。

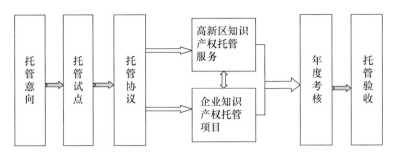

图 4-1 紫竹高新区知识产权托管服务流程

高新区开展企业知识产权托管项目，是高新区知识产权托管服务的一项重要内容，从企业的实际需求出发，通过深入调研和整体把握企业知识产权情况和存在的问题，根据企业所处的不同阶段和企业发展的需要，在准确定位企业知识产权所处发展阶段的基础上，为企业量身定制企业知识产权托管工作方案，为企业提供知识产权的个性化服务。

根据高新区知识产权托管项目安排，企业知识产权托管流程主要包括以下内容（见图4-2）：

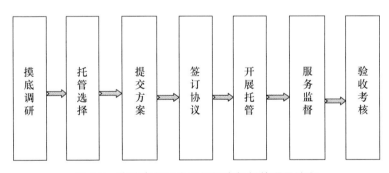

图 4-2 紫竹高新区企业知识产权托管项目流程

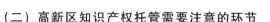

## （二）高新区知识产权托管需要注意的环节

高新区开展知识产权托管，需要注意以下工作环节：

1. 建立健全知识产权托管工作机制

高新区在开展知识产权托管时需要建立专门的知识产权托管工作机构，配备专职知识产权托管工作人员，建立知识产权托管信息化服务网络，为知识产权工作的顺利推进奠定物质基础。

根据托管目标，建立知识产权托管工作的考评机制，及时发现问题，及时改进和矫正，加强对知识产权托管工作的监督和协调，为最终完成知识产权托管目标创造条件。

2. 落实国家知识产权政策，制定符合高新区发展目标的制度措施

以高新区发展目标为出发点，通过制定并实施高新区知识产权制度文件，积极贯彻和落实国家政策的指导思路，争取各级政府和周边的措施支持，切实发挥知识产权的作用和竞争力。

在高新区发展计划的制订、审查和考核中，强化知识产权托管的指标内容，使得知识产权工作成为从高新区上层到高新区基层的一致共识，便于知识产权工作的有效开展。

3. 在开展知识产权宣传和培训中，建设高新区知识产权文化生态

积极参加国家、地方各级政府组织的知识产权宣传活动，培育高新区勇于创新的知识产权文化理念，营造有利于知识产权创新创造的文化氛围。

在高新区中有计划、分层次、分类型地组织开展知识产权的宣传、培训工作，根据区内企业领导、中高层管理人员、科技研发人员的不同需要，进行知识产权普及教育，提高教育和

继续教育。

4. 建立知识产权信息共享平台，开展电子化服务

充分利用政府、社会资源和托管服务机构力量，建立高新区知识产权信息网络共享平台，通过推送、Vip 服务以及后台管理等服务措施，为区内企业提供随时查询、跟踪和监督托管事务进度的服务，指导企业充分利用知识产权的各类信息资源，开展技术创新和商业模式创新，提高高新区知识产权托管工作的服务效率。

5. 推进高新区知识产权的产业集聚和商业开拓

为了促进区内企业的创新发展、高新区的产业集聚，知识产权托管的重点是协助中小企业的知识产权产业化、规模化，充分利用高新区平台开展知识产权交易，促进种子企业孵化成功，吸引更多的企业加入高新区形成产业集聚持续发展。

## 第二节 高新区知识产权托管的基本内容

### 一、知识产权的制度和渠道建设

#### （一）规章制度和工作体系建设

1. 知识产权工作规划和政策体系建设

紫竹高新区非常重视知识产权与高新区经济、产业、科技等政策的紧密结合，在高新区正式引入知识产权托管后，为更好地开展知识产权托管，实现知识产权托管目标，专门制定了《上海紫竹高新区知识产权行动方案（2013—2015）》，并严格按照方案予以执行。高新区领导高度重视知识产权托管，并将该

项工作列为高新区的重点工作之一。

（1）出台促进知识产权工作的相关政策

高新区根据区内企业的实际需求和发展特点，适时通过高新区知识产权托管服务，从高新区层面出台了促进知识产权工作的相关政策，如知识产权托管服务政策，以及针对科技企业、知识产权优势企业的扶持政策等；高新区还积极推进企业申请国外专利、软件著作权登记，以及国内外标准的制定等，并于2015年6月出台了《紫竹高新区企业扶持专项实施意见》。

（2）知识产权作为主要指标列入高新区统计

知识产权已作为主要指标被列入紫竹高新区的统计范围，并形成月报制度。每年年初制订工作目标，通过月报、季报和年报制度，定期对该项工作的进展情况进行专题汇报和考核，并根据实际情况发展，及时调整工作方向，年底进行综合评估与考核。

（3）出台了一系列紫竹高新区企业扶持政策和文件

高新区在企业层面上出台了一系列有利于企业开展知识产权工作的制度文件。例如，编制了《上海紫竹高新技术产业开发区知识产权政策体系》，鼓励企业承担区级科技专项计划，拥有知识产权成果，申请国外发明专利，参加知识产权试点示范，以及加强自主品牌建设，积极推进知识产权质押融资等；积极引导企业制定知识产权管理规范和标准，制定园区特色的知识产权奖励制度等；每年制作、印刷包含科技、产业、人才、财税政策的《常用政策汇编》发放给企业，企业可方便快捷地查询各类科技、产业政策和办法。高新区通过这些制度、办法和措施，帮助高新区企业从创造、运用、保护、管理和人才培养等多方面提升知识产权综合能力与实力，有效地促进企业的发展。

## 案例 4-3

### 制订知识产权计划，促进知识产权工作有序开展

紫竹高新区一家研究中心通过不断努力，已经逐步建立了相对完备的知识产权管理制度。研究中心每年年初都会先制订一个知识产权生产计划，包括知识产权新产品的开发、知识产权项目的申报，以及中心知识产权管理等。根据计划安排，中心可以在实践操作中有效控制和监督知识产权的产出。同时，研究中心还会在每年年初，根据知识产权生产计划，制订一份知识产权申请计划，包括公司每年应申请、授权的知识产权数量，发表与知识产权有关的论文数量等。"凡事预则立，不预则废"，研究中心正是依靠这些具体而又详尽的知识产权计划，指导公司的知识产权工作有条不紊地开展。①

2. 高新区知识产权工作体系建设

紫竹高新区高度重视知识产权试点示范园区的建设，并以此为抓手，不断完善高新区知识产权工作体系建设。

（1）高新区成立了知识产权工作领导小组、工作小组

紫竹高新区成立了试点示范园区知识产权工作领导小组、工作小组，成立了知识产权托管办公室，在机制、体制上保障知识产权工作的顺利进行。知识产权领导小组由紫竹高新区党委书记、副总经理任组长，各子公司领导为领导小组成员，投资服务中心总监担任工作小组组长，旨在把知识产权服务全覆

---

① 参见紫竹高新区知识产权托管办公室企业走访记录。

盖到所有注册在高新区的企业。

（2）全面开展知识产权试点示范园区建设

紫竹高新区依托高新区知识产权托管，进一步推进了知识产权试点示范园区的建设工作。2012年11月完成了上海市知识产权试点园区建设工作，2015年通过了上海市知识产权示范园区的验收工作，现正在开展国家知识产权试点园区的建设工作。

（3）加大了知识产权工作的人、财、物投入

紫竹高新区在人、财、物等方面给予全方位支持，不断提升专职人员和专项资金的配备。2012年至2014年，紫竹高新区的知识产权工作配套经费投入达到448809元，知识产权科技扶持项目共支出3909400元。

**(二) 对接专业平台，开拓服务渠道**

1. 帮助企业对接国家各类知识产权公共平台、各项扶持政策

在上海市知识产权局、闵行区知识产权局的引导下，高新区在高新区平台上对接国家各类知识产权平台，指导企业掌握使用方法，促进知识产权工作的开展。

（1）在上海市知识产权局、闵行区知识产权局的指导下，帮助企业制定知识产权管理制度、专利管理制度等一整套管理制度。

（2）通过与上海市知识产权局专利信息公共服务平台、闵行区知识产权局科技创新服务平台联系，为企业提供强大的咨询服务。

（3）按照上海市、闵行区各有关部门的统一安排，配合市、区知识产权局、金融办等单位制定相关知识产权质押融资的政策及实施细则，为有融资需求、有专利、运营较好的企业提供

知识产权质押融资相关服务。

2. 整合社会资源，丰富知识产权服务

（1）紫竹高新区组建了知识产权专家团队，引进上海大学知识产权学院、上海交通大学凯原法学院、上海润和律师事务所、北京大成（上海）律师事务所等各类知识产权专业的研究、服务力量，为高新区知识产权托管提供专业性支持，提升了高新区知识产权的工作能力和服务质量。

（2）加大对紫竹高新区内企业利用专利信息的培训和指导工作，使紫竹高新区内的企业能有效利用专利文献等资料，提高企业的技术创新决策能力。

（3）通过请银行、评估机构、担保中心等开展知识产权质押融资讲座等形式，帮助企业与这些专业机构建立联系机制，由专业机构为企业提供有针对性的专业服务，为企业开展知识产权资产化管理提供帮助。

**依托知识产权托管，企业知识产权工作取得零的突破**

紫竹高新区的一家电子科技公司成立于2011年，主要从事国产电子芯片的研发工作。创业第二年，公司的研发投入初见成效，但是公司领导对于知识产权的相关知识了解不多，对于是否要申报知识产权产生了犹豫。知识产权托管办公室在日常走访调研中得知这一情况后，专门委派知识产权工作人员与公司领导进行了深入的交流和了解，向其详细介绍了知识产权申报工作的流程和要点，并对公司知识产权工作的开展和部署进行了长远规划展望。公司领导在听取了工作人员的建议后，欣然加入高新区的企业知识产权托管项目，由知识产权托管办公室定期对公司开展各类知识产权培训、讲解服务。在双方的共同努力合作下，公司根据自身的业务和技术特点，具有针对性地申报相关专利，很快就取得两项发明专利、两项集成电路布图设计，并于2014年末取得了高新技术企业资质。[1]

## 二、知识产权的日常服务

### （一）搭建高新区自有服务平台，提升服务能级

在对接国家各级公共服务平台，引入各方专业力量的同时，紫竹高新区为建设具有紫竹特色的知识产权专业服务平台，进一步提高高新区的知识产权服务质量，促进区内科技企业的软环境建设，更好地提高区内企业的知识产权运用和管理能力，专门拨款搭建了紫竹知识产权信息服务平台。该平台开通至今，已实现了企业基础信息管理功能、专利与著作权数据动态更新功能、咨询政策实时推送功能以及专利数据监控提醒功能等。根据运行效果和企业反馈，高新区准备再次拨款进行更新改造，丰富该平台的服务功能，提高平台的适用性和专业性。

---

[1] 参见《上海紫竹创业投资有限公司孵化器成功孵化案例》，载《紫竹知识产权通讯》2015年第4期。

## 案例 4-5

### 用好专利检索,帮助企业保驾护航[①]

专利检索是知识产权管理日常工作的重要部分,高新区的一家公司对技术研发一直有着强烈的需求和欲望,但是很多技术在研发前只有确定其具有新颖性和创造性才有开发价值,这就需要在研发前进行专利检索,从而避免研发出来的成果属于现有技术,造成资源浪费。该公司的专利检索工作主要由公司内部员工自选一个外部的专利检索平台自行检索,同时会请长期合作的专业的知识产权管理公司帮助检索,双层检索为公司新技术的研发和专利检索工作提供了良好的保障。

### (二)知识产权例会和走访制度

1. 建立知识产权托管办公室例会制度,推进落实知识产权具体工作

高新区知识产权托管办公室主要负责高新区知识产权托管工作,制订实施计划和方案并推进实施。因此,为及时了解高新区各方的信息,掌握问题及时加以改进,高新区定期召开知识产权办公室的工作例会,由高新区内的知识产权工作人员和知识产权托管机构的人员共同参加,讨论知识产权工作的推进情况和下一步的任务。

2. 建立高新区企业走访机制,了解企业关于知识产权工作的要求和存在的问题

高新区知识产权托管办公室已经建立了企业走访制度,并生成统计走访表。办公室不但自行走访,还会根据走访企业的

---

① 参见紫竹高新区知识产权托管办公室企业走访记录。

特点和需求，邀请高新区的知识产权专业团队中的专家、学者、代理人、律师等一起进行联动走访，建立对于重点企业的常态化走访和需求调研，及时了解和帮助解决企业在知识产权工作中遇到的难点问题。

### 案例 4-6

#### 通过走访，发现问题，解决问题

高新区一家成立才两三年的游戏公司发展非常迅速，经济效益极佳。但知识产权办公室专家在走访中发现，这家公司对于知识产权的概念几乎为零，根据对公司所涉及的知识产权进行调研后发现，公司的知识产权状况可谓危机四伏。专家在出诊后认为，该公司所存在的主要问题包括：一是游戏的角色主要是以买入外国动漫主角为主，而对于不能买入的角色，公司却未经许可擅自使用，有版权侵权之嫌；二是公司领导缺乏知识产权保护意识，公司自己原创的游戏角色，既没有办理过著作权登记，也没有申请过商标权，专利权极少，没有把公司研发的游戏角色转化成知识产权掌握在自己手中；三是公司发展迅速，作为高新技术企业的潜力公司，却没有很好地使用高新区公共服务平台的服务，错失了申请鼓励高新技术产业发展的专项资金的机会；四是公司已经接到了外国公司发来的律师函，却仍然对偷偷使用外国动漫角色心存侥幸。经过这一番诊断，公司领导才意识到公司现在的经营原来存在这么多的问题，立即向知识产权托管办公室提出要求专家给予特别咨询和答疑的服务。[①]

---

① 参见紫竹高新区知识产权托管办公室企业走访记录。

## 3. 创新常规化联络手段，及时推送知识产权信息

为了及时了解信息，除办公室守候式服务和走访调研的主动式服务外，高新区知识产权办公室还充分利用现代科技技术，建立了紫竹知识产权联盟微信群，及时发布国家、社会、高新区的各类知识产权信息，同时还定期利用高新区场所举办知识产权工作者沙龙活动，因为在固定场所进行面对面交流，更便于高新区企业知识产权工作者之间建立良好的联系机制。这些措施有助于提高高新区、企业的知识产权工作者的业务素质、政策水平及工作能力，并把专利的创造、运用、保护和管理纳入企业的技术创新、生产经营、市场销售等各个环节。

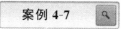

案例 4-7

### 主动提出要求，上门提供服务

高新区内有一家生产智能安防类产品的企业，在业界已经颇具名气，公司重视对专利的研发和申请，却忽略了对公司产品的商标申请。2016 年过完春节后突然被同行告知，他们公司的字号被竞争对手申请了商标，而且已经公告授权。公司急忙找到高新区知识产权托管办公室，知识产权工作人员了解后迅速建议他们以在先权利为理由提起商标无效申请。随后，托管办公室的高新区知识产权工作人员邀请托管机构专家一起上门走访，仔细询问了事情的原委，不但帮助企业更进一步提出了商标无效的解决方案，还提出企业平时应该注意的一些管理问题，例如，将原来的外地商标代理机构改为上海本地的商标代理机构，因为所有文件都要公司签名，如果仍由原来的外地商

标代理机构转交，可能会因为距离遥远，转达文件不及时，使得公司无法及时回应导致失去时效性等一系列问题。经过公司、公司聘请的商标代理机构和高新区知识产权托管办公室的共同努力，问题最终得以圆满解决。①

### （三）培育试点企业，发挥引领示范作用

为提高紫竹高新区企业知识产权工作的积极性，高新区知识产权托管办公室对区内企事业单位进行了深入调查和评比，在专利基础较好的企业中选择了30家优秀的企业给予享受试点企业扶持政策。在这30家试点企业中确定了专门的专利联络员，建立了联络员微信群联络机构，将知识产权工作纳入日常管理。办公室形成每季度数据上报制度，每半年定期召开联络员会议，并对30家企业提出了专利工作目标。同时，办公室每年对这些试点企业进行考核，对已经成熟的企业予以毕业，不合格企业予以淘汰，递补其他符合条件的企业，通过及时调整试点企业名单，将相关政策落到实处。

知识产权托管办公室每两周走访一至两家试点企业，循环指导，并根据需要请市、区知识产权局及其他专家对试点企业进行个性化、门对门服务，提供专利战略策划，有针对性地解决企业在知识产权方面所遇到的问题和困难，提高试点企业技术创新水平和市场竞争力，使企业的有形资产和无形资产得到合理配置。通过一系列措施，使试点企业具有相应的知识产权防御和进攻能力。推动区内试点企业在具备条件后，更上一层楼，申报市里知识产权示范、试点企业，使企业的知识产权工作水平持续提高。

---

① 参见紫竹高新区知识产权托管办公室企业走访记录。

**资料 4-2**

### 高新区积极培育专利试点示范企业

截至 2015 年，紫竹高新区已有国家纳米工程研究中心、吉尔生化（上海）有限公司、上海至纯洁净系统科技股份有限公司三家企业被评为市级专利工作试点企业；中国航空无线电电子研究所、华东师范大学被评为上海市企事业专利工作试点示范单位；上海交通大学被评为上海市企事业专利工作示范单位。[①]

## 三、知识产权的经营管理

### （一）促进企业成果转化，加大知识产权的许可转移

紫竹高新区重视推进区内企业知识产权产业化项目。知识产权办公室依托紫竹知识产权信息平台，导入高新区知识产权资源，帮助指导企业累积知识产权清单和管理经验，在开展知识产权日常管理工作的同时，也能提升对知识产权商业化经营的重要性认识，采取措施鼓励和发动企业建立将知识产权与产业结合进而直接贡献经济效益的发展模式，开展包括专利、商标、版权等许可转让以及知识产权投融资在内的运营工作。

围绕区内企业在专利、商标、著作权、软件著作权、集成电路布图设计等方面的代理、转让、登记、鉴定、评估、认证、咨询、检索、转化、孵化、融资与产业化服务等需要，高新区

---

① 资料来源：紫竹高新区知识产权信息服务平台。

不但直接依托区内知识产权托管办公室和专家团队,为企业答疑解惑以及进行知识产权市场业务服务,还提供区外的社会知识产权资源渠道和途经,使企业可以自主选择,找到符合自己要求知识产权中介服务机构,帮助其开展创新成果的商品化和产业化工作。

### 案例 4-8

**企业重视知识产权工作,推进知识产权成果转化**

紫竹高新区内有一家从事太阳能技术研究的公司。随着近年来国家光伏利好政策频出,公司业务模块持续扩张,公司高层对知识产权战略的规划和管理日渐重视。在咨询了高新区知识产权工作领导小组和知识产权领域专家后,公司专门研究制订了一套适合公司未来发展的知识产权战略,贯穿于公司专利的创造、管理、应用、保护整个过程,并重点梳理和分析公司拥有的适合市场转化的有效专利,逐步探索适合公司发展的专利转化方案,进一步扩大专利产品产业化、工程化应用市场等。这些措施取得了良好的效果,公司自主研发产品在各项科研及工程项目中均获得有效实施,近三年来实现的专利成果转化数近 20 项,获得的直接、间接经济效益近亿元。[①]

**(二)依托服务平台,完善风险预警机制**

依托紫竹知识产权专业服务平台的专利数据监控提醒功能,

---

① 参见《企业风采》,载《紫竹知识产权通讯》2015 年第 2—3 期。

紫竹高新区已逐渐形成一套较为完善的知识产权预警管理机制。紫竹知识产权服务平台的预警模块能够对注册登记企业的专利基础信息的管理、专利年费、法律状态变更进行监控与预警，根据专利公开可查询的内容，自动下载、更新专利的基础信息，并对专利年费、法律状态进行监控，自动对年费到期和法律状态的变化进行提醒。专业服务平台的预警工作，可以显著提升企业知识产权管理人员的工作效率。该功能上线后，在高新区的企业使用中取得了良好的反响。

区内很多科技型企业通过注册登记成为专业服务平台的 Vip 客户，同时也能够在该平台上直接对接各类公共服务平台，有助于企业更好地开展知识产权日常管理工作。这些工作主要包括撰写技术交底书、撰写并递交相关申请书、提交 PCT 申请、答复 OA，即对国家知识产权审查意见书的答复；确定专利申请策略，包括确定向哪些国家申请专利以及申请专利的时间等、与其他合作方洽谈知识产权合作；为企业产品建立知识产权档案，提出相应的方案；对客户针对企业产品提出的要求，进行知识产权方面的说明、澄清和协助；开展标准化工作等。有些企业根据需要，会自建专利检索数据库；暂时没有达到这个要求水平的，会通过购买数据库账号的方式满足日常的专利检索工作。根据风险控制的需要，出于规避风险的考虑，高新区建议企业的专项专利检索工作仅限于由专门专利工作者等来执行，有的企业甚至还规定研发人员不能直接进行该专项专利检索工作。

## 案例 4-9

### 通过预警措施保护公司知识产权权益

高新区内一家大型科技公司与一家美国公司开展知识产权合作，约定在合作中版权归各方自己所有，并由各方独立处理应用，另一方不加干涉的政策。实际履行中，这一政策遇到不少问题。例如，有些研究室在合作中要在美方数据库基础上进行研究，但美国公司不愿意免费提供数据，要求科技公司另行支付费用才肯开放数据信息；对于科技公司的改进发明，美国公司却不愿将科技公司列为专利共有人，科技公司需要通过增加费用等方式才能最终被列为共有人等。科技公司每在国内申请一个专利，就要与美国公司对这个专利项目进行专门结算。

对于国外采购的产品涉及的知识产权问题，科技公司在使用中必须遵守不得修改原版英文文件，而经同意修改的参数都需要明确标明的规定，有国家规定的则例外。在一次国外的采购招标中，美国公司的一家合作伙伴发现它的名字出现在科技公司的技术规格书中了，立刻将信息反馈给美国公司，美国公司认为科技公司违反了合同约定，即未经美方同意，擅自将其联盟合作伙伴列入科技公司自己的合作伙伴名单，因为，尽管三方有合作关系，但科技公司不能绕开美国公司与它的合作伙伴直接展开合作。这种供应链联盟实际上是一种技术垄断，美国公司为了维护其垄断利益，在这方面的制度建设非常完善、经验丰富，所提供的文本标识非常明确，每一页文件都有声明，但是科技公司在这方面意识则相对薄弱。尽管此事不算太大，但是美国公司反应之迅速完全出乎科技公司的意料之外。科技公司还因为未经许可对一些产品说明进行原样拷贝，标识使用的合规性问题等，曾经导致一个项目被搁置半年之久。为此，科技公司专门出台了知识产权管理细则对这些知识产权问题进行规制。

科技公司还采取措施加强对涉及知识产权相关的论文的管理。在科技公司内部平台发表的论文，由于封闭不对外，审核相对较为宽松，对外发表的论文则审核比较严格，以防止技术秘密泄露等。科技公司之前曾经出现过一篇涉及商业秘密的论文被内部人员私自上传网络的事件，由于公司知识产权部门在预警流程中及时发现后作出了处理，才避免了严重后果的发生。为此，科技公司与百度文库合作专门建设了绿色通道，一旦发现涉及公司的技术文献以不正当的方式上传到网络，公司会立刻与百度联系，百度会立刻响应，删除相应的文件。由于这些措施，现在已经很少发现公司的相关文献被上传到网络上。[①]

## 四、知识产权的诉讼保护

### （一）开展知识产权专项治疗

紫竹高新区的知识产权托管中有一个专项服务模块，当区内企业遇到知识产权疑难问题时，可以向高新区知识产权办公室下属的知识产权法律诊所的专业人士问诊求助。这个专项服务依托知识产权法律诊所[②]，为企业进行知识产权疑难杂症的专项诊疗服务，形成知识产权诊断报告和解决方案，从而帮助企业建立和完善企业的知识产权预警和保护机制。

知识产权法律诊所是依托高新区知识产权办公室、高新区

---

① 参见紫竹高新区知识产权托管办公室企业走访记录。
② 法律诊所是一种起源于美国的"街道法诊所"的法律教学实践模式。

的知识产权专业团队以及高新区的相关知识产权平台和资源，为高新区企业提供法律咨询、解决重要的疑难法律问题、普及法律知识的高新区知识产权托管的服务机制。从静态上说，它整合了高新区内外部法律资源，使企业法律服务需求得到及时和最大程度的响应，法律风险得到及时预见、准确识别、科学评估、合理提示和有效预防。从动态上说，则是采用"诊断开方"的方式，将企业经营中遭遇的知识产权法律风险通过诊疗手段予以化解，将企业的法律风险管理贯穿于日常工作当中，为企业提供知识产权法律咨询、法律援助、诉讼纠纷调解、普法宣传等专项服务。通过各种措施并举，示范期间紫竹高新区内未发生大规模群体性侵权事件，创造了良好的知识产权保护环境。该诊所的具体诊疗包括以下"五诊"模式：

（1）在办公室接诊。由高新区知识产权专业人员和高新区知识产权托管机构共同组建的知识产权托管办公室，面向全区企业，接受关于知识产权问题的问诊救助，通过咨询答疑，直接解决企业知识产权工作中遇到的问题。

（2）到企业实地出诊。高新区企业遭遇知识产权问题时，也可以邀请知识产权托管办公室的专业人员上门服务，通过实地考察，多员面对面的调查和了解，更加直观地了解问题，从而提出更具有针对性的解决方案。

### 案例 4-10

**专业问题需要通过专家问诊的专项服务来加以解决**

紫竹高新区内一家生产医疗器械的公司，开发了一项技术新产品后大受欢迎，正准备扩大市场规模之时，却发现新产品上市后很容易被仿制,于是公司想通过申请商标注册来保护该产品,却在申请时又被别家公司因商标近似提起异议,不知应该如何应对,于是专门邀请了知识产权托管办公室上门出诊开方。办公室特别邀请了商标专家一起上门提供诊疗。确实,医疗器械企业为了博取好彩头,所起的名字总与健康等提法总是密切相关,很容易产生商标相同或近似问题。公司担心如果申请的商标最终无法注册,产品上市后不仅标识度不够,还容易被竞争对手模仿生产。专家在现场比对了异议商标以及其他一些医疗企业的商标,经过提问、商讨、分析后认为,由于公司商标的弱显著性已经是事实,可以先通过类别规避来解决类似商品和近似商标的问题,或通过主——副商标的策略来增加识别度,获得商标申请支持等;同时,专家还提出新的建议,认为公司可以通过加强对产品的知识产权综合性保护起到同样的效果。例如,为相关产品申请外观设计专利,从另一个角度为产品提供专利保护,加上版权保护和商标保护等,就能构筑完整的综合保护体系,也便于在争议中主张自己在先权利和解决权利冲突。公司听完专家的诊断意见后大受启发,表示要在争取申请商标的同时,从外观设计专利方面切入,为新产品提供另一种保护。[①]

(3) 针对重大疑难问题进行会诊。高新区内企业遇到重大知识产权问题时,即使高新区知识产权托管办公室无法直接消化,也可以借助高新区知识产权平台和社会资源,以会诊方式共同解决这一困难。

---

① 参见紫竹高新区知识产权托管办公室企业走访记录。

## 案例 4-11

### 会诊制度可以帮助企业解决各种疑难杂症

当紫竹高新区企业上海汉翔信息技术有限公司遭遇美国5项"337调查"时，公司CEO王佳梁先生第一时间找到了紫竹高新区托管办公室，办公室立即启动会诊机制，通过上海市知识产权局的帮助，联系到一大批知识产权领域专家，临时组建了一支诉讼"小分队"，并用最快的速度完成了诉状撰写、证据保全、法律立案、涉外送达等程序，充分体现了会诊机制下群策群力的威力。

(4) 帮助企业寻找专业机构或专家进行辅诊。为营造紫竹高新区良好的知识产权保护环境，紫竹高新区联合上海知识产权法院、闵行区人民法院知识产权庭、上海大学知识产权学院，通过举行座谈会、调研会、研讨会及现场企业服务等活动，为紫竹高新区的入驻企业进行维权服务，获得了企业的一致好评。

## 案例 4-12

### 充分利用高新区优势，提供保护法律手段

紫竹高新区积极发挥区内企业的技术优势，开展知识产权维权。例如，高新区知识产权托管办公室充分发挥区内企业上海冠勇信息科技有限公司在图像搜索技术领域的技术优势，通过牵线搭桥，让冠勇科技可以为区内一些从事网络视频等领域的企业提供版权监测、侵权行为搜索和证据取证等服务，进行互联网上的知识产权维权。依托知识产权托管，冠勇科技不但

在高新区内获得了相应的客户资源,也使得需要相关服务的区内企业在更优惠的基础上得到很好的知识产权服务。①

(5) 根据高新区安排举行义诊。高新区知识产权托管办公室可以通过与各类知识产权服务机构合作机制,邀请它们为区内中小企业提供义务诊疗的维权服务。包括由律师事务所为有需要的中小企业撰写律师函、起诉状等,邀请专利代理人辅导技术交底书的撰写技巧等等。

(二) 为企业参与知识产权维权创造条件

为营造紫竹高新区良好的知识产权保护环境,紫竹高新区特联手上海市版权服务中心、闵行区人民法院知识产权庭和闵行区公证处,为入驻紫竹高新区的企业进行维权服务。例如,2013年举办网络视听企业座谈会和企业诉讼管理讲座,2014年举办高新区企业知识产权工作者沙龙和网络视听版权保护研讨会等,均获得企业的一致好评。

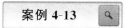

**如何有效帮助企业解决知识产权维权问题**

紫竹高新区有一家网络电视技术平台公司,在知识产权的机构建设、员工宣传培训、知识产权的管理保护方面都已经建立了相应的体制,知识产权工作较为完善。公司所处的领域的特殊性使其多次遭遇版权诉讼,有原告也有被告,公司始终采取积极的态度加以应对,在努力做到不侵犯他人知识产权的同

---

① 参见《影视版权监测的领航者——冠勇科技》,载《紫竹知识产权通讯》2014年第1期。

时，也能积极维护自身权利。但公司在版权管理中仍面临不少困难，如由于产业发展很快，相关立法则相对滞后，对实践中存在的问题响应慢，使得企业没有可以参考的司法处理依据；在证据保全方面，对于电子公证的效力问题，司法没有统一的意见等。公司在知识产权托管办公室对其进行走访的过程中特别提到，希望高新区知识产权服务平台和托管办公室能够提供渠道反映这些问题并提供解决方法。针对区内同类型企业都有相同的困惑，会对企业的知识产权工作造成一定的影响这一状况，2016年4月，紫竹高新区与上海版权服务中心、闵行区人民法院共同主办了一场网络视听企业法律研讨会，来自上海市文化市场行政执法总队、上海版权服务中心、闵行区人民法院、闵行区公证处、上海大学知识产权学院的专家学者以及高新区网络视听企业的代表共三十多人参加了这场关于电子证据效力问题的研讨会。在业界代表提出了相关困惑后，专家学者从法律、法理的适用、解释和执行上进行了阐释，提出了司法实践和行政执法中的认定标准和相关的解决措施。闵行区公证处的代表则特别介绍了该公证处的一项新产品，即以云计算、信息安全技术为核心，以电子数据保全服务为目标的"实时电子数据保全取证平台"，不但在技术和机制上确保网络环境可信性，还解决了互联网取证的关键难点，这些都为在座企业提供了很好的启示。高新区知识产权托管办公室通过举办类似的针对性活动，有效帮助区内企业解决了各种知识产权问题。①

### （三）助力企业走向国际，参与国际维权

随着全球经济一体化和市场国际化发展的需要，国内外交流在规模、速度和内容上都在不断加大和深化，紫竹高新区也

---

① 参见紫竹高新区知识产权托管办公室企业走访记录。

聚集了很多来自发达国家的跨国公司地区总部和研发中心，区内很多企业也逐渐在高新区内成长并走向国际，其中知识产权争议就是一个无法回避的焦点问题之一。在这一新的挑战面前，高新区的知识产权工作也需要提升工作的深度与广度，在工作机制上进行开拓创新。为此，高新区连续举办了多场走出中国，走向世界的产业合作论坛、研讨会、座谈会，汇聚国内外专家为企业出谋划策。

2014年，高新区与来自中国和美国的多位政府官员、商界精英和专家学者举办了"美国圣地亚哥郡与自主国家高新区产业合作论坛"，商讨创新如何驱动的主题。

2016年，上海市闵行区人民政府和紫竹高新区共同投资建设了紫竹国际教育园。这是一家创新型国际高等教育园区，致力于引入世界一流大学与国内顶尖大学合作开展高水平的学历教育，打造国际一流的高端教育集聚地和产学研深度融合示范区，是上海市推进建设具有全球影响力的科技创新中心的具体实践，也是落实上海市建设国际教育枢纽中心的重要措施，更是完善紫竹高新区人才培养服务体系的重大内容。紫竹国际教育园区包括五大学院，分别是：由闵行区人民政府、紫竹国家高新区、华东师范大学、法国里昂商学院合作共建的亚欧商学院；由上海市闵行区人民政府、紫竹国家高新区、上海交通大学三方共建的文化创意产业学院；由闵行区人民政府、紫竹国家高新区、华东师范大学、以色列海法大学合作共建的转化科学与技术联合研究院；北京电影学院在紫竹国际教育园区成立的教育基地——北京电影学院上海国际学院；以及独立创建的"上海紫竹国际教育学院。这五所学院依托紫竹高新区这一平台，通过学术交流，充分利用高新区的产业集聚、服务体系和实践基地的优势，共享世界教育资源，相互促进、共同发展，为包括园区在内的企业提供高端人才培养,为企业发展提供国际化高水平的咨询、沟通、交流、合作渠道,实现人才培养、人才溢出的功能。

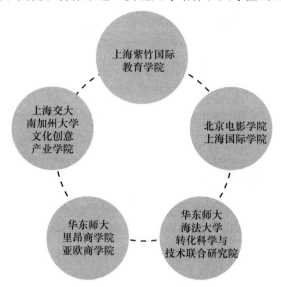

2016年3月,"汇聚紫竹,聚焦科创人才建设——上海市外商投资协会'企业到访'系列活动之二"在紫竹高新区的英特尔亚太研发中心顺利举行,博世、科思创聚合物、微软、赢创等众多外资公司参加了此次活动。英特尔亚太研发有限公司分享了英特尔人才培养、企业发展的理念,作了"Leave Your Mark"的演讲;上海市商务委外资处领导介绍了2016年上海市商务委推出的重点外企联络会员制度,表示将切实做好对外资企业的服务;出入境管理局外国人证件管理处领导则对外国人出入境政策措施进行解读,并介绍了科创中心出入境政策的四大特点和亮点;紫竹高新区则分享了高新区促进企业发展的最新政策和信息。

紫竹高新区为了实现更高层次的科技成果产业化,以国际化视野支持和开展创新创业、孵化器建设、人才培育等建设和交流工作,都取得了较好的成绩。

**案例 4-14**

## 上海紫竹高新区知识产权托管助力汉翔胜诉"337调查"

2011年11月底,紫竹高新区开展知识产权托管后,知识产权托管办公室就在例行走访中对上海汉翔信息技术有限公司进行了调研。办公室了解到汉翔公司在知识产权工作方面已经有了初步的积累,在手机输入法市场领域呈现出迅速发展的态势,已经有可能威胁到该行业领导者的市场地位,因此向汉翔公司提出应着手进行专利申请部署和积极应对可能发生的争议。

随着汉翔公司的触宝输入法市场占有率逐步提升到全球第二,并且其产品开始打入美国市场后,问题接踵而至。2012年12月底,在手机输入法市场占有率最高的T9输入法的权利人即美国纽昂斯通讯公司突然对汉翔公司进入美国市场的触宝输入法及手机产品提起5项"337调查",要求美国国际贸易委员会(ITC)裁定汉翔公司侵犯其专利权,并对汉翔公司的触宝输入法进入美国发出禁令。对于纽昂斯公司这种国际科技巨头而言,利用"337调查"所产生的高额诉讼费用拖垮进入市场的中小型创业公司,从而消灭或者吞并竞争对手,获得对方的知识产权和市场份额是常见的竞争手段。在此之前纽昂斯公司已经向汉翔公司发出了并购邀约,在被汉翔公司拒绝后,纽昂斯公司一次性提出了5项"337调查",试图以诉讼手段打压汉翔公司的目的昭然若揭。

汉翔公司在收到美国方面递交的诉状后,除了立即联系帮助其申请PCT专利的美国飞翰律师事务所的律师应诉,同时在第一时间找到紫竹高新区知识产权托管办公室,希望办公室能够协助其应对"337调查"。托管办公室陪同汉翔公司奔赴上海市知识产权局寻求政策支持，得到了积极回应。托管办公室还进一步联系了一批知识产权方面专家、律师等共同会诊、研究此案，商讨如何通过国内司法程序影响纽昂斯公司在美国启动的"337调查"。

汉翔公司采纳了会诊专家们的建议，在其公司的有效专利中选取了与纽昂斯输入法最为接近的技术方案，用最快的时间完成了诉状撰写、证据保全、法院立案、涉外送达等程序，赶在2013年6月"337"诉讼质证阶段前完成了汉翔公司对纽昂斯公司的起诉。同时，汉翔公司还委托专利代理公司，就纽昂斯公司的同族专利提起了无效宣告请求。这两个措施，终于使得汉翔公司扭转了在美国和中国两个战场上的不利诉讼形势。

"337调查"对大部分中国企业来说，意味着极为高昂的律师费用和不熟悉的法律程序，而中国境内对国外企业提出的诉讼，还存在着不了解所带来的心理压力。基于对风险的回避和对成本的考虑，2013年7月，汉翔公司与纽昂斯公司双方表达了和解的意向，由此开始了一轮又一轮冗长而艰巨的谈判。整个谈判过程富于戏剧性，其中最紧张的莫过于在双方要进行和解的关键时期，却遭遇美国政府因债务危机临时关门，ITC不办公。就在此时，纽昂斯公司突然发难，在原来已经基本达成一致的和解协议基础上又提出了一个不平等的条件。如果双方无法达成一致，那么一旦ITC开门办公，整个案件就将进入实体审理阶段，不仅前期的努力付之东流，由此产生的后续费用和诉讼风险也难以控制。汉翔公司在与律师深入交流后，仔细判断了纽昂斯公司的心态，认为其真实意图是想在原有基础上再获取一些额外利益，并非真的想推翻原有的和解基础，而为了让对方回到原来的立场上，必须再增加"压倒骆驼的最后一根稻草"。于是律师根据汉翔公司提供的证据资料做好了反垄断投诉的准备，并且让汉翔公司通过各种渠道向对方透露了我方即将采取行政投诉的信息。情势再次转向平衡。2013年10月21日，双方终于签订了和解协议，纽昂斯公司向ITC申请终止其针对汉翔公司提起的"337调查"，汉翔公司新一代输入法产品可以自由进入美国市场了。

汉翔公司此次能够在众多中国企业都栽了跟头的"337调查"中打赢漂亮的一仗，一方面离不开其自身长期以来对知识产权的重视和积累，另一方面也得益于紫竹高新区推出的知识产权托管。高新区通过这项托管工作，汇聚了一批知识产权管理、服务、诉讼方面的专家学者，一旦高新区内企业有知识产权工作方面的需求，均可以对号入座找到有经验、有能力的专家为企业出谋划策，解决实际问题，这就大大节省了企业的时间成本和筛选工作，能够以最快的速度应对问题。同时，由于高新区在日常工作中和专家建立了良好的合作关系，当高新区企业需要服务时，不仅在时间上可以得到及时响应，在费用上也能够获得最为优惠的待遇。以此次汉翔应对"337调查"为例，汉翔公司在国内反诉纽昂斯公司的实际支出控制在一个非常低的水准，但获得的实际效果却是非常理想的。[①]

## 五、知识产权的人才培养

### （一）发挥创业支撑作用，助力高校人才溢出

随着上海建设具有全球影响力的科创中心方案的出台，紫竹高新区积极联动高校和专业机构，加强产学研商协作，积极

---

[①] 参见《吴海寅：上海紫竹高新区知识产权托管助力汉翔胜诉"337"》，载《紫竹知识产权通讯》2013年专刊。

发挥高校人才的溢出效应，对有志创业的人才均给予最大的扶持帮助。一些高校也愿意积极参与为高新区企业的服务。例如，紫竹高新区知识产权托管一方的上海大学知识产权学院，在高新区知识产权托管的意向期间，仅仅出于对紫竹这个绝佳的实践平台的看重，就愿意无偿与高新区开展知识产权托管合作。在知识产权托管的进程中，上海大学知识产权学院的老师经常带领学生过来一起参与咨询、诊断、走访、研讨等各项活动，依托紫竹高新区科技企业集中，知识产权保护具有代表性的特点，学生得到了很好的实践和操作机会。在这些学生中，有不少在实习中就被上海商飞集团等一些公司相中，提前解决了就业问题。高新区与上海大学知识产权学院正式设立了"知识产权教学实习基地"，为学生实习提供机会和场地，同时也为区内企业引进知识产权专业人才开辟了新的渠道。

### 案例 4-15

**加强产学研合同，助推企业知识产权全面发展**

紫竹高新区一家科技公司是由上海交通大学机械学院联合交大机械制造、自动化、计算机等多个学科的博士共同创建的高端制作装备企业。在创业初期，高新区即给予其资金、场地的扶持，提供创业引导、知识产权服务、资源整合、科技金融等多种科技服务，并在高新区开展知识产权托管后第一时间将其引入托管，为科技公司制定知识产权战略提供了有力支持。2014年，科技公司取得营收1亿元，净利润1000多万元；累计登记软件著作权24项，得到证书20项，申请专利55项，其中发明专利6项；授权专利18项，其中发明专利4项。凭借着强大的技术开发能力和知识产权经营能力，科技公司很快获得了股权融资1500万元人民币。该科技公司是紫竹高新区推动高校人才溢出创业成功的典型案例之一。①

## （二）举办各类知识产权培训

当前，紫竹高新区已经吸引了多个500强研发中心和地区总部入住，高新区产业集群日益明显。为有效实现高新区与企业知识产权工作的对接，推进企业更好开展知识产权工作，紫竹高新区高度重视知识产权人才的培养，一方面通过与专业院校等开展基地合作，为人才和企业提供双向选择的平台和机会；另一方面，高新区还重视对企业现有人才的知识产权专业性培训，制订相应计划，邀请市、区知识产权局及企业的有关专家等有针对性地对紫竹高新区开展知识产权专题讲座、培训、案例分析、现场答疑等活动。

高新区知识产权托管办公室邀请知识产权的法官、学者、律师、专利代理人、企业法务等举行主题论坛、座谈会和讲座，通过专业性知识演讲、对国家政策的解读和实际案例的分析，帮助区内企业理解法律的适用，解决工作中遇到的相类似问题。通过这些活动，提高了区内企业经营人员、管理人员和技术人员的业务素质、政策水平及工作能力，并把知识产权的创造、运用、保护和管理纳入企业的技术创新、生产经营、市场销售等各个环节。

（1）高新区针对企业的不同需求，相继举办了"创新驱动、政策聚焦""专利侵权分析与回避设计""商业秘密的管理与保护""知识产权实务培训班""企业诉讼管理讲座""知财论道"企业知识产权管理论坛、"外资企业知识产权讲座""高新技术

---

① 参见紫竹高新区知识产权托管办公室企业走访记录。

企业认定工作培训会""网络视听版权保护研讨会""高新技术企业知识产权保护""商标管理研讨会""专利技术交底书撰写实务"等讲座与培训活动几十次。

高新区为了发挥高新区与企业知识产权工作的协调机制，通过开展专业交流活动，促进企业间的相互交流，提升企业知识产权人员的专业水平；同时，高新区也可以及时了解企业信息、发现问题，总结知识产权工作经验。

（2）高新区知识产权办公室会定期召开知识产权工作者见面会，及时了解企业知识产权工作动态，发现企业需求，总结工作中存在的问题，推广相应的工作经验和成功做法。已经举办的"网络视听企业知识产权工作交流会"和定期召开的知识产权工作者沙龙、高新区知识产权工作者微信群等都很好地发挥了相关作用。

紫竹高新区每年还在区内开展知识产权工作评比活动，对知识产权先进企业和先进工作者进行评比与奖励。通过这些激励机制，也可以在一定程度上提高企业开展知识产权工作的积极性，推动高新区知识产权工作的深入开展。

紫竹高新区自成立以来，已经收获了"国家知识产权试点园区""海外高层次人才创新创业基地"等多个与人才培养有关的称号，加入了上海市中小企业服务机构，它在人才培养这一专业领域中的业务水平得到了社会与有关部门的认可。

## 第三节　高新区知识产权托管的人事管理

### 一、合理设置知识产权托管部门

紫竹高新区开展高新区知识产权托管，建设合理的知识产权托管工作部门机制，贯彻执行有制度、有机构、有人员、有经费的"四有"原则，在高新区内部建立由高新区领导层挂帅，知识产权托管工作职能部门负责，高新区企业和专家团队配合的紫竹高新区知识产权工作体系。

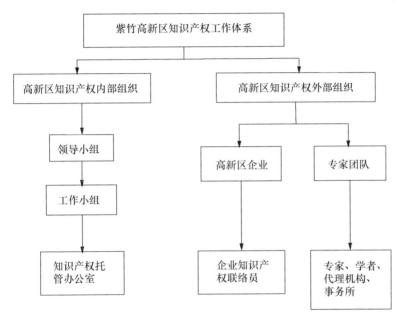

图 4-3　紫竹高新区知识产权工作机构

（一）内部组织

1. 内部组织机构

以把知识产权服务全覆盖到所有注册在高新内的企业为宗旨，紫竹高新区成立了知识产权工作领导小组和工作小组，由紫竹高新区党委书记、副总经理担任领导小组组长，各子公司领导为领导小组成员，投资服务中心总监担任工作小组组长。

工作小组下设高新区知识产权托管办公室，具体负责高新区知识产权工作。

2. 组织工作机制

(1) 联席会议。建立知识产权联席会议制度，由高新区副总经理担任联席会议组长，会议成员包括上海紫竹高新区投资部、数码港、YBC、创意港和创投公司。建立联席会议制度，主要是为了推进高新区知识产权工作的顺利开展。

(2) 工作小组。工作小组由高新区投资部的相关工作人员和数码港、YBC、创意港、创投公司各部门指定的联络员共同组成，具体负责、指导知识产权相关工作的组织、筹备、联络和开展。

3. 高新区知识产权托管机构

工作小组和知识产权托管机构共同成立了知识产权托管办公室，由高新区投资部等相关知识产权人员与上海大学知识产权学院学者一起组建，受工作小组领导，定点办公，负责高新区知识产权托管。

知识产权托管办公室的主要职责有：

(1) 选定合格的知识产权托管机构；

(2) 组织安排制订托管方案；

(3) 组织监督托管服务；

(4) 协调、合作和处理相关问题；

(5) 及时向高新区知识产权领导小组、工作小组汇报托管工作进展；

(6) 其他需要由办公室负责的知识产权工作。

在高新区知识产权工作体系下，以高新区知识产权托管为切入点，以建设知识产权试点示范为抓手，高新区领导和工作小组认真落实各项示范工作。各级部门组织明确了工作责任，细化了专利工作目标，理顺了知识产权工作的管理体制和工作机制。工作小组内部分工明确，工作之间相辅相成。

**（二）外部组织**

1. 高新区企业及其企业知识产权联络员

知识产权专业托管办公室与高新区内企业签订企业知识产权托管项目的相关协议，为企业提供知识产权公共服务、基础服务和专项服务具体包括：知识产权托管机构为企业提供知识产权制度体系建设；专利挖掘；知识产权申请代理；专利申请资助；专利信息检索、分析、预警预测；企业专利数据库的建立；知识产权人才培训；知识产权战略规划等。

知识产权工作小组和知识产权托管办公室与拥有知识产权的区内企业确定专门的联络员，建立企业知识产权联络员制度，企业联络员每季度递交"上海紫竹高新区知识产权季度工作统计表"，配合高新区开展知识产权的各项工作。

2. 专家团队

高新区知识产权专家团队一般由政府、社会组织、高校、律师事务所和专利事务所等、企业知识产权从业人员共同构成。紫竹高新区的知识产权专家团队中，来自政府的有上海市知识产权局、上海市版权局、闵行区科委、闵行区人民法院知识产权庭等的专家；来自社会组织的有上海市版权服务中心和闵行区知识产权保护协会的专业人士；来自高校的有上海大学知识产权学院和上海交通大学凯原法学院的专家学者；来自律师事务所和专利事务所的有北京大成（上海）律师事务所、林达刘知识产权代理事务所的法律顾问等。专家团队为高新区知识产权工作提供专业支持，为遇到知识产权相关问题的企业提供咨询和帮助服务；也为高新区知识产权托管工作的开展提供专业支持，形成紫竹高新区良好的知识产权工作环境。

表 4-1　紫竹知识产权托管专家团队组成

| 专家团队 | 服务内容 | 服务形式 |
|---|---|---|
| 知识产权代理机构 | 知识产权申请和登记、专利检索和分析、知识产权纠纷 | 基础服务、专项服务、公共服务 |
| 知识产权中介服务机构 | 知识产权管理、知识产权贸易、知识产权谈判、知识产权投融资 | 基础服务、专项服务 |
| 律师事务所 | 专利申请、法律咨询和诉讼、专利尽职调查 | 专项服务、公共服务 |
| 知识产权研究机构 | 知识产权战略、运营研究，知识产权培训 | 公共服务 |
| 知识产权行业协会 | 知识产权制度、政策研究，知识产权培训 | 公共服务 |
| 知识产权社会组织 | 知识产权宣传、培训 | 公共服务 |

## 二、知识产权托管机构的选择

### （一）重视对高新区知识产权工作水平的提升

紫竹高新区根据高新区机制、平台和团队的自身优势，积极开拓知识产权托管服务方式与内容。

（1）依托紫竹高新区知识产权工作小组和办公室，开拓服务范围，建立满足多种形式的知识产权工作组织。例如，根据区内创意企业日益增多的情况，设立了高新区版权服务站，专门为高新区企业提供著作权登记服务，为企业提供软件著作权资助服务等。

（2）引入知识产权法律、咨询、代理、质押融资、交易和司法维权等知识产权中介服务机构。根据高新区实际，依据制定的服务机构数据库和服务标准进行清单筛选，以多家备选的方式向区内企业推荐；对数据库内的中介服务机构实行优胜劣汰的竞争机制；着力扶持 6—8 家实务操作能力强、高效服务的知识产权中介服务机构以拓展高新区对企业的服务。

**（二）注重知识产权学术交流的创新实效**

高新区根据企业知识产权工作的实际需要，积极拓宽高新区与政府、高校、知识产权服务机构、企业的交流渠道和途径。

1.搭建高新区企业与专家团队的交流平台和渠道

以交流沟通，建立有效合作为目的，旨在为企业与政府、学界、企业的知识产权专家建立开拓互动和交流的桥梁。

紫竹高新区与区内企业中国商飞上海飞机客户服务有限公司一同举办"高新技术企业知识产权保护"的讲座，让专家通过主题演讲和答疑方式直接帮助企业解答知识产权工作中遇到的具体问题。通过类似方式方法，有效提升高新区企业知识产权的运用、保护和管理的能力和水平，让企业受益良多。

2.强调对知识产权托管理论性研究的理解和实践配套经验的总结

紫竹高新区知识产权专家团队人员来自政府、社会组织、高校、律师事务所和专利事务所等知识产权工作的各个方面。高新区注重与知识产权专业学术机构的合作，选择了高校知识产权教学研究机构一起合作高新区知识产权托管就是一例。根据高新区在知识产权托管中的工作方法和工作案例，从实践层面上展开理论分析，归纳做法的优势与不足，提炼可复制可推广的经验，走出有别于其他高新区做法的创新思路。

2013年，紫竹高新区联合上海市闵行区科委、区知识产权保护协会和两所高校共同举办"知财论道"企业知识产权管理论坛，2014年高新区联合闵行区科协举办"创新管理与方法的报告会"等，都是走出了简单复制的经验主义，创新建设思路，满足企业知识产权的真实需求，进行了理论和实践上的创新尝试。

## 三、知识产权的人才体系建构

### （一）强化服务职能，建立人才梯队

1. 加强紫竹高新区知识产权人才培养

（1）鼓励高新区现有知识产权工作人员提高知识产权专业水平，加强引进知识产权专业法律人才。具体措施包括：鼓励工作人员在工作之余参加继续教育，报考国家各类职称资格考试，在提升学位学历的同时给予工资与奖金激励；托管引入具有一定资质的知识产权法律人才等，构筑现代知识产权人才体系。

高新区通过各种途径派送现有知识产权工作人员参加国家知识产权局、上海市知识产权局组织的各类培训。例如，赴苏州参加上海市知识产权局举办的"知识产权学习调研活动"、参加"上海市知识产权宣传工作培训班"、参加国家知识产权局举办的"科技园区专业技术人员知识产权高级研修班"，以及赴无锡参加国家知识产权局举办的"国家知识产权试点示范园区专利导航培训研讨班"等，提高现有知识产权人员的工作水平。

（2）高新区积极营造有利于知识产权人才导入的环境。高新区努力建设人才服务机构和营造有利于人才脱颖而出的成长环境。紫竹人力资源服务公司通过积极申报，并经有关委办局和区县推荐、专家评审和现场答辩，顺利通过审核，成为全市人才与培训服务类16家中小企业服务机构之一。上海市中小企业服务机构平台是工业和信息化部重点布局的服务网络平台之一，已成为上海市为中小企业提供服务的重要载体。紫竹人力

资源服务公司的成功入选充分表明其在专业领域的业务水平得到了社会与有关部门的认可。

2. 激励企业知识产权人才培养

（1）在上海市、闵行区知识产权局的指导和帮助下，紫竹高新区支持区内企业的知识产权管理者或技术研发人员积极参加上海市知识产权培训中心举办的专利管理工程师和专利工作者的培训，协助企业培养懂管理、通业务的专利工作和管理人才，以适应企业开展知识产权工作的需要。

（2）积极报送企业相关知识产权人员参加国家、社会的各类荣誉评比。例如，紫竹高新区多家企业的软件从业人员荣获上海市软件行业标兵、软件服务明星称号，这些荣誉有助于提升人才施展才华的空间。

（3）高新区组织区内企业知识产权联络员赴温州浙江创意园和温州知识产权学院等兄弟园区和单位参观调研，组织高新区知识产权管理人员赴我国台湾地区学习交流知识产权工作等，进一步提升了知识产权专业工作能力，推动高新区知识产权工作的开展和完善。

### (二) 高新区知识产权文化建设

1. 在知识产权宣传方面建立了常规化机制

（1）在上海市、闵行区知识产权局的指导下，积极参与国家、地方各级政府举办的各类知识产权活动，开展多种形式的基础培训和主题培训，特别是在每年的"4·26 知识产权宣传周"期间，高新区更是加大宣传力度和增加活动次数，以论坛、研讨会、沙龙、企业调研等形式落实知识产权宣传任务。

（2）建设以《紫竹知识产权通讯》、紫竹知识产权服务网站、紫竹知识产权托管办公室邮箱、紫竹知识产权联盟微信群、紫竹知识产权工作者微信群、APP等方式为主要阵地的知识产权新闻宣传体系。

2. 开展高新区知识产权专项宣传计划，形成高新区知识产权文化特色

（1）高新区每年制订知识产权宣传主题和配套的培训计划，每季度安排培训活动。每年开展与知识产权主题相关的各类培训、研讨、沙龙、论坛等活动不少于10次。高新区自2011年至2016年7月，共举办了60余次专场活动，参加企业累计超过1000家次，总参与人数超过2000人次，企业覆盖率达80%以上。

（2）对高新区的知识产权宣传和活动进行总结、跟踪和改进，通过实证研究和理论分析，寻找有助于高新区知识产权工作更好开展的经验和优势，推进高新区知识产权托管的特色建设。

## 第四节　高新区知识产权托管的战略管理

### 一、战略目标的制订

#### （一）高新区战略目标的分析和管理模式的选择

1. 确立高新区知识产权战略目标

战略是针对危机前景，应对长期发展而准备的全局性布局和谋略性安排。对紫竹高新区而言，作为一家民营的国家级高新产业园区，其所面临的主要危机是在全球经济一体化，科技高速发展的今天，如何使高新区这一经济模式仍然具备足够竞

争力,同时能够取得并保持与其他形态高新区的竞争优势。基于高新区的定位,重视知识产权,完善知识产权服务体系,确立高新区知识产权战略,发挥促进区内企业发展的功能,使之成为紫竹高新区吸引高科技产业集聚的重要手段,是应对高新区危机的不二选择。因此,紫竹高新区知识产权战略目标非常清晰,即通过高新区知识产权科技服务体系,帮助区内企业发展知识产权,使之依靠知识产权成为具有竞争力的大企业,进而形成紫竹高新区的高新技术产业集聚,实现高新区的经济效益,"聚沙成塔",最终成为实现国家知识产权战略目标及其实施推进计划任务中一粒有价值的沙子。

2. 选定适合高新区需要的知识产权管理模式

高新区知识产权战略目标是由国家宏观的战略决策和高新区的总体目标决定的,需要适用相应的知识产权战略管理体系才能实现。每一种管理体系又都有其特定的管理模式。在紫竹高新区内,既有国际500强大企业和研发中心,也有国内大型央企和研究机构,还有大量科技型中小企业和有待孵化的种子企业。对高新区来说,首先,这些企业都有一个共同点,就是以技术创新等知识产权研发为其出发点,是企业立足的根本;其次,企业的价值只有通过对企业知识产权的市场化运作,实现价值最大化才能得以体现;最后,由于国内知识产权市场尚不成熟,市场竞争却非常激烈,而高新区不同形态的企业中,不少企业没有能力也没有余力开展知识产权保护和运作,使得最大化的价值无法实现。

高新区最终选定哪一种知识产权管理模式,需要根据高新区企业知识产权创新创造的具体情况和高新区知识产权服务管理体系、步骤等因素,加以综合考量后才能决定。正如本书分析的，高新区知识产权托管是依托高新区这一平台，整合和引入社会各类知识产权服务资源，通过它们所提供的知识产权服务，完善高新区的知识产权服务体系，帮助企业管理知识产权，实现市场化价值的一种知识产权管理模式。就紫竹高新区而言，就是着力构建和完善高新区知识产权服务体系，做好高新区知识产权托管的公共服务、中小企业孵化器托管的基础服务和知识产权法律诊所托管的专项服务，激励企业开展知识产权研发，建立健全企业知识产权预警机制，推进企业知识产权成果的产业化，最终实现高新区知识产权托管的战略目标。

**（二）高新区战略目标的具体内容**

1. 创新思路，积极探索，全面推进知识产权运营工作

进一步细化完善紫竹高新区与上海大学知识产权学院共同制定的知识产权评估体系，将知识产权工作重心逐步从关注知识产权创造转移到关注知识产权创造、运用、管理和保护全过程，从关注知识产权数量逐步转移到关注知识产权质量，探索一条符合高新区实际情况的知识产权运营及资产化管理模式。

2. 优化创业服务平台，支撑科创中心建设工作

为进一步发展战略性新兴产业，推进产业领域集群创新，完善区域创新体系，高新区根据企业发展的不同阶段、不同需求，对各类企业提供包括知识产权、创业、科技服务、人才、金融等在内的全方位服务，对中小微企业完善知识产权工作提供必要的指导，突出功能建设，逐步形成系统化、专业化的知识产权服务体系。

3. 整合产业布局，推进网络视听知识产权保护工作

中国（上海）网络视听产业基地自2012年开工建设以来，依托紫竹高新区内已有的信息数码港，吸引了一批在网络视听

细分领域处于领先的企业入驻，其中包括优酷土豆、爱上电视传媒、TCL-IMAX 合资公司等重点企业。在基地建造完成的基础上，加快各个平台建设，进一步推动项目引进。同时，完善"双创中心"建设，为企业提供知识产权政策支持、专项资金扶持、服务平台配套等方面的服务支持。通过中国网络视听论坛的影响力，推进网络视听知识产权保护工作，促进区域"新产业、新业态、新技术和新模式"的经济发展，为上海创建"具有全球有影响力的科技创新中心"提供创新动力。

4. 加强"三区联动"，深化与高校产学研合作

紫竹高新区将继续加强产学研"三区联动"，深化与上海交通大学、上海大学两所高校法学院的合作，依托两所高校的知识产权人才资源，更好地发挥入驻企业的产业科技溢出优势，坚持科学的产业功能定位，形成产业链，最大限度地降低企业运行成本，强化知识产权人才对企业知识产权工作的推进作用，有效促进周边地区传统工业的转型与升级，为提升产业附加值和技术能级作出积极贡献，改善当地及周边地区的社会综合水平。

## 二、战略目标的落实

### （一）完善高新区知识产权托管体系

1. 高新区知识产权托管认识

高新区知识产权战略管理是一个动态的发展过程，对高新区知识产权托管重要性认识不足，会使知识产权托管工作无法进一步深化。因此，开展高新区知识产权托管，首先，需要重视这项工作，归根结底是领导的重视。高新区需要认识到，高新区的未来发展除了高新区地理位置、高新区场地租金、高新

区支持政策、高新区基本管理服务等一系列基本资源的竞争外，知识产权竞争将成为关键的筹码，这对于高新区而言尤为重要。其次，领导重视是确保了这项工作可以有计划地安排开展，不会受到阻挠和轻视，但是要真正执行高新区知识产权托管模式，还需要模式中所有相关人员和每一个环节都做到层层重视，这样才能有效发挥园区知识产权托管模式的优越性，充分发挥知识产权托管的作用。

2. 知识产权托管工作机制

知识产权托管工作是一个系统工程，涉及政府、高新区、知识产权托管机构以及高新区企业各方。根据不同的知识产权托管要求，可从高新区和企业两个层次与知识产权托管服务机构建立相应的知识产权托管服务关系，制订相应的知识产权托管工作方案，确定知识产权托管工作重点和经费预算。

高新区知识产权托管需要明确托管的公益性和经济性。在国家知识产权托管制度和政策的引导和支持下，充分利用公共知识产权资源，结合高新区的孵化、集聚、服务等功能，为区内企业提供知识产权的公共服务、基础服务和专项服务，加强对企业知识产权托管项目的对接、服务和监督，帮助区内企业在开展知识产权托管进程中享受到国家政策和资金的支持。

3. 知识产权托管机构推选机制

高新区在政府、行业协会、企业等推荐和知识产权托管机构自荐的基础上，遴选和导入高新区知识产权托管机构，建立高新区知识产权托管机构清单，有条件的高新区还可以建立知识产权托管服务机构数据库。被推选的知识产权托管机构应该具备以下基本条件：（1）有参加知识产权托管工作的意愿。（2）托管服务机构的业务范围涵盖相关知识产权基本工作和专项工作内容，具备为托管企业提供检索分析、预警预测、战略策划、诉讼保护等托管服务能力。（3）托管服务机构管理规范，机构及其从业人员无违背社会公共利益和诚信经营原则的不良记录。（4）配有一定数量的知识产权专业从业人员，可以保障组建知识产权托管机构的人员配置，保障知识产权托管工作的有序开展。

4. 知识产权托管合同标准化规范

高新区开展知识产权托管，需要和企业、知识产权托管机构分别签署知识产权托管协议书。协议书需要明确的内容包括：知识产权托管机构的组织形式、知识产权托管目标和任务、知识产权托管范围和内容、知识产权托管的期限、知识产权托管的权限和费用、托管双方的权利义务、争议的解决依据和方法，以及合同附件等。附加合同条款或补充条款由协议双方根据各自在知识产权托管中的特殊要求，在达成一致意见的情况下，作为特别内容加以规定。

5. 高新区与企业知识产权托管对接机制

高新区知识产权托管由高新区知识产权托管服务和企业知识产权托管项目两部分组成，一部分托管服务由高新区通过公共服务形式免费提供；另一部分则通过托管机构与企业之间的直接约定，依托高新区平台实现基础服务和专项服务。为了使得这两部分的工作可以协调开展，需要定期召开知识产权托管各方的联席会议，解释知识产权托管各项措施和对策的目的与效果，对知识产权托管工作中遇到的问题听取各方意见、协调解决，充分共享知识产权公共服务平台的知识产权资源等。

6. 知识产权托管的监管机制

建立知识产权托管的监管机制主要是在开展高新区知识产

权托管中,需要有效控制各种知识产权管理风险,防止引发知识产权工作争议。具体包括:(1)建立知识产权托管市场的竞争秩序,以公平、公开、公正的方式,选择知识产权托管机构,保证托管各方的自主意愿和等价有效。(2)建立托管机构与高新区和区内企业的信任机制,防止由于委托"代理博弈"的风险造成对高新区、区内企业或托管机构利益的损害。(3)知识产权托管机构的保密义务。坚持托管中相关各方的保密义务,特别要防止因为知识产权托管,导致高新区、区内企业或托管机构的商业秘密流失。在开展知识产权托管时,如果无法很好地对其中的各类风险加以妥善规避和解决,就会给企业的知识产权资产造成极大的损失。所以,通过完善各个环节的监管控制和管理,可以控制和降低知识产权托管的风险危害。

### (二)完善高新区知识产权托管配套机制

1. 知识产权托管机构及其知识产权专业能力

知识产权托管对托管机构及服务人员的专业素质、专业能力都提出了很高的要求。目前,在我国的知识产权托管中,无论是托管机构的托管质量还是托管机构的人才配备,都远未能满足知识产权托管的服务要求。通常来说,在知识产权托管中,托管人员除了需要具备专业的知识产权法律能力之外,还需要谙熟企业知识产权管理和战略策略,并具有处理知识产权管理和战略问题的实践经验。从长远发展来看,还需要提供包括科技孵化、生产力促进、技术交易服务、科技风险投资等服务内容。有知识产权托管需求的高新区、企业需要在选择知识产权托管机构时,考虑包括托管工作业绩、托管工作经验在内的相关条件,选择符合企业工作要求的机构。同时,政府应该推行知识产权托管机构的规范化管理,继续我国知识产权人才培养工程,扶持一批可提供高端知识产权托管服务的机构,使整个知识产权托管市场保持良性的竞争氛围。

2. 知识产权公共服务内容

加强政府知识产权公共服务平台的基础建设,进一步优化社会知识产权公共服务平台功能,根据高新区特色,建设满足高新区知识产权托管要求的信息服务平台。在知识产权托管中推行电子化、信息化、档案化管理,丰富高新区与企业、企业知识产权联络员的工作联系机制和手段,创新知识产权托管的服务形式。

3. 知识产权托管的信用系统

建立知识产权托管机构的诚信系统对于规范知识产权托管行为十分必要。对托管过程中可能出现的不正当竞争行为,违反保密协议等行为的托管机构实施行业禁入机制。信用系统包括:(1)信用评价系统。建立对知识产权托管机构及其托管执业人员的信用评价机制并向社会公开。根据托管机构的具体业务情况,由服务对象进行信用评价,设立投诉机制,一旦发现违反诚信执业的行为、泄露客户商业秘密的行为,经审查属实,即进行严肃处理,使其承担侵权责任或违约责任。(2)在知识产权托管的过程中,知识产权托管机构未能履行托管义务的,应根据托管协议书的约定,承担与之相应的民事法律责任。(3)知识产权托管机构违反执业规定,侵害高新区或企业权益的,情节和后果严重的,可以取消托管机构和执业人员的执业资格,禁止其进入该行业。

4. 知识产权的专业人才

由于知识产权托管是一个长期的工程,无论是高新区、区内企业还是知识产权托管机构都面临着知识产权人才短缺的局面。因此，在现有条件下，一是根据我国知识产权托管工作的发展需要，有目标有规划地培养知识产权高端人才；二是要注重对现有知识产权人才的挖掘和继续教育，使其尽快适应当前知识产权托管工作开展的需要；三是要注重引进国外的知识产权管理人才，学习西方的先进管理经验，加强我国知识产权人才培养体系建设。

5. 知识产权托管的服务评估

建立科学合理的知识产权服务质量评估体系，有助于统一知识产权托管的服务质量评估标准，能够客观、定量地反映我国知识产权托管服务质量，帮助知识产权托管机构提高知识产权托管的服务能力，完善知识产权托管服务内容。

## 第五节　高新区知识产权托管中的企业知识产权托管

### 一、企业知识产权托管项目

#### （一）企业知识产权托管项目的内容

高新区知识产权托管依托公共服务、基础服务和专项服务模块，可以为企业提供知识产权的全方位综合管理服务，具体内容包括：（1）制定企业知识产权研发、运营、保护、标准化等各方面的规章制度；（2）执行知识产权日常事务性工作；（3）制订知识产权战略规划及其实施方案；（4）建立企业专题数据库，建立运行该系统的有效机制，提供知识产权专题检索分析和预警；（5）代理企业的知识产权申请、维持业务，解决知识产权确权、异议、无效等权属纠纷等;(6)制订企业知识产权合同模板,审查知识产权合同有效性,提供知识产权维持过程中的管理、通知和归档服务;(7)为企业提供知识产权资产运营服务;(8)为企业的知识产权资产进行投融资的资本操作;(9)通过多种方式,为企业提供知识产权咨询、培训和宣传;(10)为企业品牌战略实施提供建议并协助执行;(11)提供知识产权纠纷及侵权诉讼服务;(12)知识产权托管的其他内容。

将上述服务贯穿于企业知识产权创造、运用、保护和管理的各个环节,成为为企业量身定制的高新区知识产权托管项目的主要内容。在知识产权的创造阶段,知识产权服务机构提供的信息检索、分析等服务可以帮助企业选准研发方向和技术内容,合法利用现有技术实现突破性创新,并及时将取得的成果在所有目标市场转化为知识产权法定资产;在知识产权的运用方面,知识产权托管机构可以根据企业需要,通过许可、转让、投资、质押等各种交易、转移行为开展知识产权的商业化经营,创新知识产权商业模式,为企业提供有效的技术信息,通过确权或无效诉讼等法律手段为企业的发展扫清障碍等;在知识产权管理方面,知识产权托管机构可以帮助企业制定完善的知识产权管理规章制度,协调企业其他部门、高新区、行业组织和政府知识产权行政管理部门各方面的力量,共同做好知识产权工作,使高新区知识产权托管工作与企业的整体发展战略相契合。

**(二)企业知识产权托管项目的环节**

根据知识产权托管工作内容,企业知识产权托管流程主要

环节包括:①

1. 机构建设与制度建设

这要求知识产权托管机构在与企业签订托管协议后,应对企业的知识产权状况进行深入详细的调查和准确的判断,然后为企业量身打造知识产权战略规划,以最大限度地发挥企业的知识产权优势,提高企业知识产权创造、保护、管理、运用的能力和水平。

2. 信息提供与信息利用

即知识产权托管机构根据企业的需要,定期或者不定期对查询到的知识产权信息进行加工、整理和分析,以得出预测性的技术情报,为企业的研发做参考。

3. 研发支持与研发管理

这是指托管机构与研发部门密切配合,对企业各研发项目的进展情况进行全方位的实时监控,保证企业研发过程各阶段所产生的各种形式的成果得到及时有效的保护,防止研发成果流失。

4. 权利获得与权利维持

根据企业的技术研发的具体情况,托管机构充分发掘企业所产生的知识产权,及时进行申请。为防止企业已取得的知识产权因意外因素终止,还要进行包括专利年费的缴纳、专利无效的应对、商标权的续展等各项跟踪服务工作。

5. 权利使用与权利经营

这是指托管机构帮助企业将拥有的知识产权通过许可、转让、质押、交易等各种使用方式,获得经济收益,或者根据企

---

① 《中小企业知识产权托管模式及实施研究》课题。

业需要，受让他人知识产权，增强企业竞争力的知识产权经营活动。

6. 风险预警与权利维护

当企业即将或已经遭到知识产权侵权的风险时，托管机构应当果断采取行政或司法措施，维护企业的合法权益；同时，帮助企业建立预警应急机制，对其可能遇到的各种知识产权风险提前做好应对预案，提出规避风险的措施，从而阻止或减少知识产权风险事件的发生，降低由此引发的权益损失。

7. 教育培训与考核奖惩

知识产权托管机构针对企业的知识产权状况，以普及教育、专业培养、业务交流等方式开展知识产权教育培训，帮助企业培养和训练一批管理能力强、专业素质高的知识产权管理队伍，提高企业知识产权管理的水平和能力。同时，对相关员工在知识产权创造、运用、保护和管理方面的工作绩效进行考核和奖励。

### 案例 4-16

**公司开展企业知识产权托管后认为需要改进的地方**

高新区一家开展企业知识产权托管项目的公司，参与托管后，总结了公司知识产权工作经验，向高新区知识产权托管办公室提出建议，认为在现有高新区知识产权托管服务中还需要进行更加细致的工作安排，才能保证托管的效果。具体为：一是在公司知识产权日常工作方面，应从专利检索核对和合同两方面入手。二是对知识产权目标的考核奖惩，至少要分解到年度,将知识产权指标进行明确列明。三是出于公司技术层面的原因,托管人员需要具备一定的英文水平,以方便合作中的学习、使用。四是发生问题及时处理。公司应提高知识产权意识,公司年终考核时,要重视知识产权对公司节流的贡献,不能仅看直接收益的创收成绩。五是在知识产权托管中,要特别注意签订技术秘密的保护协议。六是对于企业知识产权部门的发展,希望加强部门之间的共同管理和协同处理。七是建立知识产权供应链,在与其他企业开展知识产权合作时,应该签署联盟协议,绑定知识产权上下游的供应商。例如,在合作中约定,同样的技术产品在市场上只能独家许可,不能对第三方有其他优惠或销售,并严格执行知识产权供应链的各个环节要求。①

## 二、 分类知识产权的托管工作

### (一) 专利托管

1. 专利托管委托

在高新区知识产权托管服务中,知识产权托管机构接受企业专利托管的委托,签署知识产权托管服务协议书,明确托管机构与企业托管工作的形式和职责,托管事项、范围,托管内容和权限,托管费用,以及双方权利义务、争议解决方式等。

2. 建立专利清单和档案制度

(1) 建立企业专利和商业秘密的分类清单,自评技术的市场价值;搜集、分析同行业竞争对手的技术研发情况,专利申请、授权情况,以及PCT申请和授权情况等。

---

① 参见紫竹高新区知识产权托管办公室企业走访记录。

（2）为企业建立相应的专利、商业秘密业务档案，将委托合同、交易合同、管理材料、案件材料、官方文件等资料进行存档，并根据专利和商业秘密的变化情况，定期更新专利和商业秘密的状态。

3. 制定专利制度和流程

（1）制定企业的专利管理制度。一是为企业制订专利发展战略。根据企业专利研发能力和竞争对手的发展情况，结合市场需求，制订企业专利发展战略。二是制定专利管理制度。包括专利所有权归属、员工激励措施、商业秘密保护、专利事务处理等内容。三是规范企业保密制度。保密制度的建立是为了加强企业对商业秘密的保护，防止商业秘密的流失。托管机构要对包括人事合同、技术研发、企业合作、论文发表等在内的各类技术信息披露制度予以明确规定。

（2）规范企业的专利管理流程。跟踪专利从投入到产出的过程，进行必要的流程化管理。一是在技术研发阶段，要注重专利检索，现有技术比对，技术项目筛选、研发，以及保密协议和资料归档等相关工作。二是在技术研发成功后，根据检索结果和企业专利地图布局需要，结合技术本身、经济价值、市场前景的特点，对研发的技术成果考虑采取公开、申请专利或商业秘密保护等不同保护方法，有助于企业知识产权效益最大化。三是获得专利或商业秘密后，不但需要继续积累专利、商业秘密资产，还需要通过市场转化体现知识产权的价值，实现专利和商业秘密资产的商品化、产业化。

## 案例 4-17

### 建立特有的专利管理机制

高新区一家技术研发公司在公司内部设有专门的知识产权部,根据知识产权部的管理范围,在业务管理上采取了"双头管理"的模式,即知识产权部一方面隶属于法务部,受法务部的直接指导;另一方面,由于工作需要,该部也可直接向公司CEO汇报。研发公司的知识产权部专门配备了全职从事知识产权工作的员工两人,同时又专门聘请了相关的知识产权代理机构,在申请公司专利时,一半工作内容由研发公司专职知识产权工作人员负责,另一半则由委托代理机构负责。研发公司制定了专利申请奖励制度,最初与其他研发公司一样,该奖励制度仅限于发明专利,后来根据公司的实际情况及专家的建议,将外观设计专利的申请纳入公司的奖励体系中,激发了员工的积极性。①

4. 专利管理和交易

(1) 建立企业的专利技术数据库。一是根据自身需求和竞争对手情况,建立企业的专利数据库,设置分类导航,具备高级检索功能,浏览专利文献,定期更新数据,通过网络在企业中实现共享;二是对特定专利数据进行分类整理、解读标引、法律状态监控、检索结果统计展示等;三是整理分析企业专利和商业秘密的保护与管理现状,清点企业的专利和商业秘密的存量,了解市场状况和竞争对手的技术情况,知己知彼,百战不殆。

---

① 参见紫竹高新区知识产权托管办公室企业走访记录。

(2) 专利信息检索和情报分析。一是开展专利信息检索活动,根据与企业有关的关键词查询,从专利文献或数据库中挑选符合要求的文献或技术信息的过程。二是通过专利检索和信息分析,有效挖掘企业专利,进行专利布局,促进企业发展。三是充分研究行业背景、竞争对手,制订合理的检索建库策略,设置专利分类导航策略,形成检索建库策略,以便后期跟踪、查验与数据加工。它是日常专利工作的重要部分,能对企业的技术开发、专利申请、专利和商业秘密保护以及专利战略的实施起到有效的辅助作用。

(3) 规范专利运营。一是根据企业专利质押融资需求,拟订专利质押融资方案,通过与银行等金融机构及相关方协商并签订专利质押融资合同、专利质押登记,实现融资;企业按期还本付息,完成专利质押融资,获得政府扶持,使其专利价值获得社会认可。二是建立健全专利交易(转让和许可)制度,对主要产品的专利技术、核心专利技术等开展专项分析,谈判并签订专利交易(转让或许可)合同,做好后续专业服务等工作。促进专利运用,实现专利资产利益最大化。

(4) 日常专利管理事务。一是进行起草、修改、申请专利,专利价值评估,专利信息归档,专利营销,以及专利维权和诉讼等一般专利管理工作。二是专利的市场竞争管理。专利技术是科技型企业的核心竞争力,对相关专利技术的保护对企业未来发展至关重要。为构建企业专利技术的保护体系,需要实施专利市场竞争保障措施,包括企业专利无效、专利文献公开、专利网战术、专利地图战略等。[①] 实际经营中,需要根据企业的

---

① 资料来源:http://www.sipo.gov.cn/mtjj/2007/200804/t20080401_361713.html,2014年2月25日访问。

具体情况开展专利的竞争管理。

5. 风险预警和案件处理

风险预警是指托管机构根据市场跟踪服务、侵权监控体系的调查结果，对技术在引进、模仿、研发过程中可能遇到的侵权违法行为等及时采取措施加以预防和制止。开展知识产权的风险预警，可以及时调整企业技术创新研发的方向和内容，对侵权及侵权危险及时进行调查、取证，为有效保护企业知识产权提供便利。

当遭遇企业专利侵权或争议时，通过有效的诉讼策略措施帮助企业开展知识产权维权，打击专利或商业秘密侵权，及时制止侵权行为，防止损失结果的扩大。

6. 档案保存和管理

托管机构应在法律规定与合同约定的时限内完成专利申请、授权、备案和缴费等各项工作。托管机构对在托管服务的过程中收到或生成的所有专利、商业秘密的文件资料予以存档，保证档案材料的完整性，便于专利、商业秘密档案的查询和利用。

（二）商标托管

1. 商标托管委托

知识产权托管机构接受企业商标托管的委托，签署知识产权托管服务协议书，明确托管机构形式和职责，托管事项、范围，托管内容和权限，托管费用，以及双方权利义务、争议解决方式等。

2. 建立商标清单和档案

（1）建立企业商标资产的分类清单，全面统计商标的市场价值，对商标信息进行分析，了解商标状况。

（2）为企业建立相应的商标业务档案，将委托合同、交易合同、管理材料、案件材料、官方来文等文件资料进行存档，并根据商标事务的进展变化情况定期更新商标状态。

3. 制定商标管理制度和流程

（1）规范企业商标选择和申请流程。通过查询、检索、设计，确立申请商标；进行商标申请、续展、注册、异议、撤销等商标申请及马德里国际注册等事宜。

（2）商标的正确使用规程。正确使用包括企业自己使用商标以及许可他人使用商标的规范性管理，加强对企业主—副商标的统一管理和稳定管理，建立商业性标示识别系统。

（3）规范商标宣传。采取有效途径和措施，提升商标知名度和美誉度，打造企业商标文化，提升商标附加值。

**商标检索的重要性**

高新区一家企业在申请商标注册时，发现其已经使用了一段时间的商标早就被广东一家企业注册了，由于在先权利的冲突原因导致该商标的申请被驳回。由于公司的所有标识设计都以这个申请商标为基础，如果该商标无法注册，那么公司实施的商标战略就要全部推倒重来。为此，该企业特别委托了一家商标事务所，与广东企业进行转让谈判，幸好广东这家企业在注册了这个商标后还没有使用过，近期也没有使用的打算，故最终该企业花费了一笔不菲的转让费，从广东企业的手中将其申请的商标购买了回来。①

---

① 参见紫竹高新区知识产权托管办公室企业走访记录。

4. 商标交易和运营

商标管理是指企业商标的查询、监控、调研、布局、策划、分析及风险评估,商标的许可和转让,以及商标权益的维护和诉讼等。

商标交易主要包括商标转让、投资、质押等。在商标交易前,首先要合理评估商标价值,调查商标的权利状况;其次要依法交易,防止交易行为不被核准;最后要明确交易双方的权利和义务,维护各方的权益,避免发生冲突。

5. 风险预警和案件处理

商标风险预警是指要跟踪商标抢注、商标转让(许可)、商品质量以及驰名商标淡化的风险监测情况,及时采取措施预防这些风险的发生。

为保护企业的商标权益,当遭遇企业商标侵权或者争议时,需要及时采取诉讼策略制止侵权行为,防止损失的扩大。托管机构应在代理商标案件过程中将案件进展情况及时告知委托人,收到的各种官方来文及时送达委托人或通知委托人领取。

6. 档案保存和管理

托管机构应在法律规定与合同约定的时限内完成商标登记、来文处理等各项工作。托管机构对在托管服务的过程中收到或生成的所有文件资料予以存档,保证档案材料的完整性,便于商标档案的查询和利用。

(三)版权托管

1. 版权托管委托

知识产权托管机构接受企业版权(软件著作权)托管的委托,签署知识产权托管服务协议书,明确托管机构的形式和职责,托管事项、范围,托管内容和权限,托管费用,以及双方权利义务、争议解决方式等。

2. 建立版权清单和档案

(1) 建立企业版权（软著）资产的作品目录清单，开展版权登记，评估版权的市场价值；搜集同行业企业和版权（软著）状况，对版权信息进行分析和登记，汇编整理成企业版权信息库等。

(2) 为企业建立相应的版权（软著）业务档案，将委托合同、交易合同、管理材料、案件材料、官方文件等资料进行存档，并根据版权（软著）业务的进展变化情况定期更新版权（软著）状态。

**案例 4-19**

### 多种渠道建立版权清单

高新区一家网络视听企业的版权清单是根据版权不同渠道的来源分类构建的。该清单内容可分为三大部分，一是从外部直接采购，购买节目的独家播放权或首发权，在平台上首播或者独家播放。二是与有一定听众基础的社会知名人士合作，针对热门话题和讨论热点，共同开发自有版权产品。三是购买或得到版权的改编权或改编权授权，进而开发演绎作品。由于来源渠道不同，版权的性质和权利束也有较大不同，企业在开发版权运营时需要采取不同的方式方法，最大限度地挖掘版权的经济价值。[①]

3. 制定版权制度和流程

(1) 版权（软著）管理制度。包括版权登记管理制度、软

---

① 参见紫竹高新区知识产权托管办公室企业走访记录。

件著作权登记制度、合同管理制度,特别是要明确对职务/非职务作品、法人作品以及在项目开发合同中产生作品的权属规定。

(2)版权(软著)的使用流程。通过合同管理理制度保护和管理软件著作权的登记、工程设计及产品设计图纸及其说明、科学技术论文等技术指标极高的企业内部文件。对版权(软著)的正确使用流程作出明确规定。

### 案例 4-20

**通过制度化管理,保障版权合法性**

高新区一家文化创意公司专门设立一支几十人的审核团队,负责对上传至其平台的作品进行版权审核。公司的版权审核机制可以分为前期审核和后期投诉两个阶段。

在前期审核中,公司与高新区推荐的冠勇科技公司合作,依靠冠勇科技公司的版权监测技术进行第一轮初步审核;此后的第二轮审核为人工审核,对于第二轮审核依旧无法通过的作品将予以强制下架。同时,公司还采取措施对用户进行身份审核和提醒,包括用户注册时在注册界面提醒用户必须保证上传作品的版权合法;在用户由普通用户升级为"加V"用户时,自然人用户需要提供身份证,企业用户需要提供营业执照,对于有侵权嫌疑的,除非用户能够补充相关材料或证据,充分证明所上传作品版权的合法性的,否则也将勒令其下架;在用户上传作品的时间点,平台会在"版权注意事项"界面停留10秒钟,强制用户必须了解作品拥有合法版权的重要性。

公司还在后期阶段开放投诉平台,在作品上传至公司的平台后，版权方若发现诸如侵权等现象，可以随时通过投诉平台与公司取得联系。公司会根据相关的删除规则作出是否删除已上传的作品的决定。

通过这一系列措施，公司有效地保证了版权使用的合法性。[①]

4. 开展版权管理和运营

（1）规范企业版权（软著）信息登记和分析。信息主要是指权利来源、许可和转让情况以及侵权纠纷情况。其中，权利来源情况就是要分清是原始取得还是继受取得版权（软著）以及邻接权；许可和转让情况指的是作品的许可使用和转让使用情况；侵权纠纷情况是指版权（软著）侵权与被侵权的领域、场合、内容等。

（2）规范版权（软著）运营主要包括版权许可、转让、投资、质押等。版权（软著）交易会涉及大量的版权合同，在版权合同中，应合理评估版权（软著）的交易价值，调查版权（软著）的权利状况，明确交易双方的权利和义务，维护各方的权益。在版权（软著）交易后，要对合同执行情况进行后续跟踪调查，掌握市场各方面的交易信息，为企业版权（软著）运营提供参考。

案例 4-21

## 依托版权产品，实施跨业经营

高新区一家网络视听企业由于开发了新的版权商业使用方

---

① 参见紫竹高新区知识产权托管办公室企业走访记录。

式，也为企业开发出了新的知识产权形态。企业认为传统的通过手机APP等发布音乐的商业模式已经逐步饱和，但是随着市场上音乐生态理念的兴起，将其音乐版权作品进行跨行业经营，转向与智能家居等硬件方向拓展，比如在床头台灯中安装内置音箱和软件系统，实现其在特定时间内播放催眠音乐的功能等，反而能够打开另外一片天地。而以此为代表的智能硬件与音乐结合的产品不但得到了市场的良好回应，还为企业开发了与智能硬件市场有关的相应外观设计、实用新型甚至发明专利的知识产权，丰富了企业的知识产权清单内容。①

（3）为企业制定版权（软著）管理和发展战略。根据企业版权（软著）的基础和竞争对手的发展情况，制定企业版权（软著）发展战略。

5. 风险预警和案件处理

版权（软著）风险预警是指托管机构依据技术手段和平台支持，根据市场跟踪服务、侵权监控体系的调查结果，对抄袭、侵权等违法行为及时采取措施加以预防和制止。

当遭遇企业版权（软著）侵权或者争议时，通过有效诉讼策略措施帮助企业开展知识产权维权，打击盗版，及时制止侵权行为，帮助防止侵权损失的扩大。

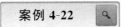

### 版权风险控制措施

高新区一家网络视听企业为了加强版权风险预警，采取了

---

① 参见紫竹高新区知识产权托管办公室企业走访记录。

一系列措施，包括：一是与员工签订保密条款。为保护在版权运营中涉及的商业秘密，公司要求员工在入职时都要签订一份统一的保密协议。除此之外，在部分综艺节目的前期策划阶段，若涉及需要保密的内容，版权专项组也会介入，进行专门保密条款的签订工作。二是通过版权专项组与项目组的合作，对项目进行予以保障。在公司的项目组开始一个新的项目之前，版权专项组都会对剧本内容进行评估，看是否存在违反法律法规的内容。项目组会以版权专项组的意见作为参考，同时还要考虑投资等多种因素，最终由领导层决定该项目是否进行。三是通过合同来控制风险。版权专项组在合同的审核中，会将其所能预想到的所有风险均列入合同范围，并明确相应的救济措施。例如，版权专项组进行海外剧合同的审核时，会在合同中约定，当采购的海外剧由于不可抗力的原因无法播放时，公司可以退片或换片等条款内容。①

6. 档案保存和管理

托管机构应在法律规定以及合同约定的时限内完成版权（软著）登记、文件处理等各项工作。托管机构对在托管服务的过程中收到或生成的所有版权（软著）文件资料予以存档，保证档案材料的完整性，便于版权（软著）档案的查询和利用。

从高新区开展知识产权托管项目中可以发现，一方面，与单纯的企业知识产权法务管理和企业行政管理不同，企业知识产权的管理是一个系统管理。由于缺少发展资金和知识产权管理能力，一些中小企业就将知识产权的申请费、查询费用等当作一项不必要的费用而尽量削减，使得知识产权管理仅表现在

---

① 参见紫竹高新区知识产权托管办公室企业走访记录。

一些具体形式上，却没有实质性的内容。有的企业一旦遭遇经营困难，首先想到的就是砍掉知识产权经费，这种做法表面上看起来似乎是减少了一些支出，节省了成本，却不料自己延期申请的专利被别人抢先申请而造成企业所有的研发都打了水漂的更大损失。另外，企业领导作出的决策往往关系到企业的生存和发展，但是不少企业领导对于知识产权的认识及重视程度有限，导致企业从上到下不能真正理解知识产权轻资产对于企业的意义，为知识产权纠纷埋下了很多隐患。例如，一些企业随意地直接挪用他人的商标、版权，或者"山寨"他人技术成果，直到被其他企业起诉，才知道违反了知识产权的相关法律，此时不但需要赔偿他人的经济损失，还使得企业的声誉受损。

紫竹高新区正是通过高新区知识产权托管服务和企业知识产权托管项目构筑高新区知识产权托管的服务保障体系。从实践效果看，可以在一定程度上防止上述情况的发生，或者提出更加具有建设性的知识产权工作意见来解决企业问题。我国正在大力推进创新型国家建设，知识产权形势正在逐步好转，不少企业也已经逐步认识到了知识产权工作的重要性，尽管离成熟的市场环境和良好的保护氛围还有较大的距离，但是高新区知识产权托管中的企业知识产权托管项目，作为高新区知识产权托管的重要组成部门，成绩是明显的，进步是存在的，同时也需要在未来的发展中作出更加细化和深化的服务安排。

**案例 4-23**

## 紫竹高新区内工程有限公司的知识产权管理工作

紫竹高新区内一家中外合资的工程有限公司由国家、上海以及外方共同合资组建，主要在相关工业领域提供研发、设计、生产、集成、调试以及能提供全寿期服务的综合解决方案。公司自成立以来，坚持以市场需求为导向、工程项目为依托，自主创新，掌握关键核心技术，加强国际国内合作，稳步推进三条工作主线，即依托项目工程建设、引进技术的消化吸收以及关键设备国产化、重大专项等，力争成为"中国第一、世界知名"的相关技术领域解决方案供应商。公司的核心竞争力来自于傲视行业的市场技术研发、创新和产业化的能力和机制，立足于以拥有保护系统研发设计技术、控制系统设计技术、工程设计技术、可靠性研究技术、仿真技术、专用设备设计制造技术等多项主要技术为基础形成的技术高地，使得公司具备相对完整的全面技术竞争能力。正是基于这样的发展定位和战略愿景，公司在坚持贯彻引进、消化、吸收、自主研发的发展轨迹基础上，逐步形成具有自主创新特色的知识产权管理体系，支持并推动着公司的进一步发展。

公司已经建成了别具一格的知识产权管理系统。为了适应对公司自主知识产权开发、研制、生产等各方面管理和保护的需要，公司通过摸索，建立了一套颇具特色的知识产权管理机制。这套机制由组织体系、制度体系和审查体系三部分组成，纵横分割，条块明确，职责分明，操作方便。

（1）组织体系。公司的总体管理组织架构采用"两纵一横"模式，"两纵"是指常设的职能管理部门和技术生产部门，"一横"是指根据项目任务组建的阶段性组织，每个项目都是由两个或两个以上常设部门派出相关人员组成临时的项目组织进行项目研发。知识产权管理系统位于公司集中领导下，按照工作管理和技术管理两大关系的双轨制管理模式，形成以公司总经理为组长的知识产权领导小组和以公司总工程师为主的技术与专家委员会。知识产权领导小组是公司知识产权工作的领导决策机构，负责制定公司知识产权发展战略和规划、对内对外的知识产权政策及公司重大知识产权管理事项的决策；技术专家委员会负责公司知识产权的技术指导和支持，决策公司知识产权的保护策略和审查保护方式，决策专利申请、维持、放弃、国外保护，以及对公司知识产权的评审。知识产权领导小组下辖知识产权工作组，负责知识产权日常工作事务，制定公司知识产权制度体系，组织开展知识产权的活动，拟订公司对内对外知识产权政策。技术专家委员会下辖专利技术工作组，为公司战略规划、创新研发工作提供技术支持保障；开展专利预警；为知识产权经营评估提供信息和依据。

（2）制度体系。公司的知识产权制度体系在公司"三合一体系"的三级文件系统构架下，对应国家法律法规与公司的知识产权管理制度，将知识产权体系按照管理范围和职能分解成专利、商标、商业秘密、版权以及激励、保护和经营等多个模块，包括：以《公司管理手册》为一级文件，作为纲领性文件；以公司《知识产权管理制度》为二级文件，规定管理组织、明确职责分工、确定管理内容和范围；按照知识产权管理范围制定对应的各模块和按照管理需求建立对应的公司三级文件，主要指知识产权各部分的实施细则等。通过规范制度，梳理工作流程，确保公司知识产权的依法获取、充分运用、有效保护。

（3）审查体系。公司在内部建立了知识产权保护审查体系。凡涉及公司知识产权信息对外公开、释放以及许可的，都应按照审查流程实施，并对过程进行监督。知识产权保护审查的范围包括技术交底书（专利、技术秘密）、论文、论著、计算机软件著作权、合同中的IP条款、科技成果评审、展会以及其他涉及知识产权应当进行保护审查的。审查体系规范了保护审查流程，确定了申请、保密定级、组织评审、审批、办理等层层把关的程序。同时，形成定期综合评审制度，每一季度开展一次，对公司内形成的知识产权尤其是专利申请文件等，组织技术、保密、知识产权专家集中审查，全面评价技术的创新度、市场价值以及应采取的知识产权保护方式等。

公司通过扎实的知识产权工作，建立了稳固的自主知识产权优势高地。公司自成立以来，一贯重视对自主知识产权的研制、开发、申请和建设，已经初步形成了包括专利、商标、计算机软件著作权、商业秘密等在内的多种类的知识产权资源库。同时，公司的知识产权资源建设注重结合行业特色，形成鲜明的公司标志。例如，在商标设计上，公司重视商标系列化的形式，在保持视觉冲击的同时，考虑有助于强化公司系列化的品牌推广的需要；商标注册上，对于不同的产品主题选择不同的注册策略，有的采用文字和图形商标并行注册，有的则采用先进行文字商标注册的策略。

公司希望通过知识产权工作形成全方位的知识产权保护立体网络。在知识产权的保护手段上，公司采取专利、商业秘密、商标、版权等多种形式，务求能够建成对自主知识产权的立体保护机制，其策略路径已形成一定的操作流程：（1）根据技术难度，确定相应的保护方法。在技术保护上实行专利与技术秘密相结合，适当优先选择专利的策略；运用专利申请防御机制和内部技术秘密认定评审机制，围绕核心技术展开专利布局；建立研发项目专利信息利用制度，为专利的持续研发奠定基础。（2）注重软件著作权等级。公司在建成专利和技术秘密的保护流程后，在现有软件研发基础上，重点开展对于软件著作权的保护，还在开展计算机软件产品、著作权、集成电路布图设计等的等级划分工作，实现知识产权的统筹管理。（3）注重对知识产权的市场化操作，注重商标的国内注册及重要商标的境外注册，并积极注册防御商标来达到保护主商标的目的。公司打造以技术为核心的发展战略，通过商标等市场宣传，在业内树立起专业、创新、规范、严谨、可信的高科技现代企业形象。①

---

① 参见王勉青：《企业风采——工程有限公司知识产权管理工作》，载《紫竹知识产权通讯》2013年专刊。

# 第五章
# 高新区知识产权托管的未来发展

　　紫竹高新区的知识产权托管对于推进区内企业特别是中小企业的知识产权工作具有一定的成效。但是，由于高新区知识产权托管的实践时间尚短，区内企业需求趋向多样化，如何才能更好地贴近企业的需要，体现国家制度政策的支持和扶持效果，进一步开展知识产权的产业化运营，改变知识产权资产闲置和经营不利的局面，是紫竹高新区在下一阶段开展知识产权托管需要重点考虑的问题。结合《上海紫竹高新区知识产权行动方案（2016—2018）》的目标和任务，高新区知识产权托管的未来发展需要在模式机制、创新工作、创业工作三个方面加以建构和完善。

第五章　高新区知识产权托管的未来发展

当前，紫竹高新区的知识产权托管对于推进区内企业特别是中小企业的知识产权工作具有一定的成效。但是，由于高新区知识产权托管的实践时间尚短，区内企业需求多样化，工作经验仍然比较有限。如何才能更好地贴近企业的需要，更好地体现国家制度政策的支持和扶持效果，进一步开展知识产权的产业化运营，改变知识产权资产经营的耗置和不力局面，是紫竹高新区在下一阶段开展知识产权托管要重点考虑的问题。结合《上海紫竹高新区知识产权行动方案（2016—2018)》的目标和任务，高新区知识产权托管的未来发展需要在模式机制、创新工作、创业工作三个方面加以建构和完善。

## 第一节　建立健全高新区知识产权托管的模式机制

通过高新区知识产权托管满足区内不同企业在不同发展阶段的知识产权工作需要，更好地促进企业知识产权的管理和运营，有助于企业实现知识产权效益最大化，充分体现高新区知识产权服务体系的作用，增强高新区招商引资的吸引力，促进高新区高新科技产业集聚和经济效益集聚，是高新区知识产权托管发展的动力。紫竹高新区知识产权托管要在现有知识产权托管模式的基础上，细化模块服务功能，提高服务能力，根据企业知识产权资产管理的不同阶段、不同需求和不同服务机构，适用相应的知识产权托管形式，以期实现高新区知识产权托管的目的。

## 一、完善高新区知识产权托管模式

### (一) 知识产权托管的工作体系化

着力构建和完善紫竹高新区知识产权托管是高新区科技服务体系建设的必然要求，是做好创建国家知识产权试点园区工作的重要内容。其中，需要进一步做好高新区知识产权托管服务和企业知识产权托管项目，建立健全企业知识产权工作机制，推进创新创业中的知识产权成果转化对接，探索搭建高新区知识产权中介服务平台等。只有依托高新区知识产权托管模式，根据不同层次的企业托管要求，确立知识产权托管的具体要求，才能有针对性地构筑知识产权托管的各层次服务内容。

1. 高新区知识产权托管的公共服务模块

这一服务模块是高新区知识产权服务体系的主要构成，可以充分体现高新区作为平台对促进高新区产业发展的作用。由于我国落实知识产权战略及其推进计划是一项持久性工作，因而要求主要用来落实这项政府工作的公共服务模块具有成长性机能，能够跟随计划的任务要求，不断丰富细分知识产权服务板块内容，提高高新区知识产权服务的软硬件水平，反映出高新区知识产权托管的能力成长。同时，公共服务模块本身需要加大它的区内区外的辐射范围，在整合资源的同时，也能够成为承载、拓展区内知识产权资源与区外知识产权资源合作开发和使用的渠道，打造出以服务紫竹高新区为核心，面向上海、全国乃至全世界的满足更多需求的沟通、协调和服务平台。

2. 高新区中小企业知识产权孵化器托管的基础服务模块

这是现在高新区知识产权托管中为企业特别是中小企业提供的一种服务形式，涉及企业知识产权的申请、获取、日常管理和保护方面，帮助起步阶段的中小企业在知识产权的人力财力物力投入有限以及知识产权数量较少的情况下开展知识产权工作。这一阶段，无论是知识产权托管机构的服务能力，还是知识产权服务市场的发展都已经相对成熟，能够与企业的知识产权服务需求相匹配。高新区需要进一步加强市场化监督管理，促进这一服务模块更加规范化发展。

3. 高新区企业知识产权法律诊所托管的专项服务模块

一方面，当企业规模扩大后，企业会提高对知识产权工作的专业化要求，开展诸如知识产权投融资、转让许可、标准化等活动。这时高新区知识产权托管需要针对企业的这种要求，提供更多的托管合作形式，与企业在企业资产、经营等各方面开展更深入的合作。这是高新区知识产权托管中托管高端化发展的反映。另一方面，随着企业知识产权实力的增强，企业还会提出关于知识产权战略的制订和执行，包括带有全局谋划或者具体策略，为了取得、维持知识产权在市场上的竞争优势，应采取的对企业长远发展具有重要影响的规划安排和工作需求，知识产权托管机构需要通过依托知识产权高端服务能力所提供的特色专项服务来满足企业的这些知识产权高层服务需要。这些要求和做法是高新区知识产权托管服务体系化发展的必然要求，也是高新区知识产权托管高端化发展的实力体现，是高新区知识产权托管未来的发展趋势。

（二）知识产权托管的功能细分化

1. 建立高新区知识产权平台服务的长效机制

继续开发紫竹高新区的知识产权信息服务平台功能。链接、导入可有效使用的专利、商标、版权的信息数据库，开发知识产权信息和资源导入、输出的路径，建设知识产权数据信息展示功能,完善现有高新区平台的开放机制,提升平台基础统计、专项分析的知识产权咨询能力,扩展针对高新区产业发展所需要的知识产权服务。面向高新区创业创新活动,以电子化、信息化的方式提供高效服务。

2. 完善高新区知识产权托管全面化、专业化服务机制

为创业创新制度体系建设提供可复制、可推广的经验。依托高新区现有的产业集聚特色和高新区知识产权托管内容,根据创业创新的需要,打造创业创新中心的知识产权服务内容,进一步完善高新区知识产权环境,推动高新区高科技产业的集聚发展。

3. 重点支持高新区知识产权创业创新活动的平台支持体系

打造创业创新公共平台。加强创业创新信息资源整合,建立创业政策集中发布平台,完善专业化、网络化服务体系,增强创业创新信息透明度。鼓励开展各类公益讲坛、创业论坛、创业培训等活动,丰富创业平台形式和内容。探索建立创业企业、天使投资、创业投资统计指标体系,规范统计口径和调查方法,加强监测和分析。进一步完善紫竹高新区知识产权托管工作,探索为区内企业特别是中小企业提供管家式服务的知识产权托管具体形式,帮助孵化企业建立并运行知识产权工作体系。

## 二、 提升高新区知识产权托管水平

### (一) 提高高新区知识产权托管服务能级

根据国家知识产权工作的指导意见,延伸紫竹高新区知识产权产业化服务链,填入知识产权服务的新环节,丰富知识产权服务的新功能、新做法。

高新区以专利信息资源利用和专利分析为基础,把专利运用嵌入产业技术创新、产品创新、组织创新和商业模式创新,引导和支撑高新区产业发展的探索性工作,探索建立专利信息分析与产业运行决策深度融合、专利创造与产业创新能力高度匹配、专利布局对产业竞争地位保障有力、专利价值实现对产业运行效益支撑有效的工作机制,推动重点产业的专利协同运用,培育形成专利导航产业发展新模式。

尝试依托知识产权托管的模块功能,以高新区高科技产业为基础,建立具有紫竹高新区知识产权产业特色的知识产权专项联盟。成立知识产权专项联盟是高新区通过平台优势,为区内集聚产业和相关企业提供知识产权专项服务,丰富、完善高新区知识产权托管工作和内容,化解企业知识产权成本的一种组织形式安排。通过联盟内部规约,对成员市场行为作出约束,发挥联盟的组织优势,体现知识产权托管的服务细化功能和集聚功能,稳定知识产权工作和服务的交融性,控制知识产权法律服务的风险性,建立知识产权工作的流程、服务标准和质量控制的监督指标体系,最大限度地满足高新区产业集聚下知识产权工作的各项需要。

**(二)构建高新区知识产权创新创业的服务机制**

因为技术创新包括发明创造和将技术成果转化、扩散、商业化和产业化的全过程,而知识产权的价值链包括确权、授权、知识产权的流动、实施应用等环节,知识产权的价值是通过交易和产业化应用来实现的,是贯穿在创新过程当中的,也是在创新的每个环节里去实现的,所以创造知识产权的最终目的是获得知识产权的价值。

## 三、 加强高新区知识产权托管的协同机制

紫竹高新区将继续深化产学研"联动机制",深化与高校知识产权研究机构的合作,摸索更好地发挥高新区知识产权托管模式的机制作用;依托高校、企业的知识产权人才资源和储备,强化知识产权人才对企业知识产权工作的推进作用;更好地发挥入驻企业的产业科技溢出优势,坚持高新区高科技产业的功能定位,开发知识产权的市场经济效益,最大限度地降低企业运行成本,有效促进高新区产业发展对社会经济结构调整、转型升级的贡献。

### (一) 伙伴合作:整合知识产权服务资源

与政府、研究机构、行业组织、中介机构等合作,向紫竹高新区企业提供高效、优质的"一站式"知识产权升级服务。通过与这些组织、机构等的合作,促进为紫竹高新区企业服务的专利代理、许可、转让、评估、咨询、诉讼、预警、培训、调研、检索、战略研究等知识产权中介服务在高新区内的市场化、规范化发展,从而为紫竹高新区企业和产业的发展和升级提供有力支撑。例如,与上海市版权局合作,提供著作权登记和软件著作权资助服务;与银行、评估机构、担保中心等合作,为企业提供知识产权融资服务等。同时,完善知识产权服务环境;与多种类型的专利中介机构建立长效沟通机制等。

完善紫竹高新区在知识产权保护中各类渠道的建设以及与公检法、工商、质检等各行政执法部门的合作,畅通行政执法部门与公检法的移送渠道,健全与这些部门相衔接的工作机制。逐步建立知识产权信息共享和协作机制,加快知识产权维权援助平台建设,加大知识产权侵权举报投诉等各项措施的宣传力

度，完善知识产权纠纷诉调对接机制及相关工作制度，形成高新区的维权援助体系。例如，进一步与本地公证处合作，为企业更好地使用电子证据建立技术支撑和实践，从而依托高新区知识产权托管的工作职能，健全模块中的知识产权维权援助工作。

开发多种高新区知识产权托管工作的形式。形成机制灵活，资源调配迅速，人员支持方便的知识产权工作形式。例如，与上海市版权局合作，在高新区建设版权工作站，在高新区知识产权信息平台中开辟专栏，与高新区版权数据服务商合作，推出帮助区内企业进行版权数据云搜索、调整、取证、保留等服务，为高新区内版权资源的开发提供了较好的基础准备工作。

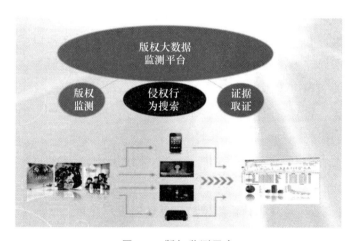

图 5-1　版权监测平台

### （二）人才梯队：多层次知识产权专业人才培养

健全多方共同参与、多渠道、多层次的知识产权人才工作体系，一方面以区内自身建设为主，依托上海大学知识产权学院和上海交通大学凯原法学院，通过组织参加"紫竹讲堂"系列讲座、专利管理工程师资格考试培训班、全国专利代理人资格考试培训班、知识产权战略推进高级培训班以及各种研讨会、论坛等多种形式,为紫竹高新区企业提供连续的、全面化的知识产权人才培养普及教育和强化培训活动;另一方面,建立紫竹高新区与其他高新区的知识产权工作沟通、合作、学习、借鉴机制,组织区内企业知识产权工作人员到其他园区和区外进行交流和考察,搭建以高新区为通道的合作体系。

开发针对企业负责人、专业技术人员、企事业单位研发人员、知识产权管理人员等不同人群知识产权培训的基础和中高级模块,阐述企业在现有知识产权法律框架和政策限度内,应如何透过知识产权经营策略的运用、法律风险的控制、人力资源的管理和规章制度的完善,发展技术研发能力,提升企业知识产权占有量,增加自身的核心竞争力,处理内外知识产权危机;借助知识产权的力量,获得市场竞争的优势,研发、调整与相关知识产权需求和人员工作职责相适配的知识产权主题培训内容,建立企业上下对于知识产权并不只是一种单纯的法律权利,而是一种可以广泛运用的竞争工具和商业策略的共识,拥有掌握知识产权筹码的能力,提升知识产权人才的专业化水平。

**(三) 文化建设:营造紫竹高新区知识产权文化特色**

把知识产权法制宣传纳入每年重要的科普活动内容,定期举办各类知识产权主题讲座。同时,认真组织"4·26"世界知识产权日活动,形成知识产权宣传频率高、受众多、影响大的集中宣传。针对紫竹高新区高科技产业集中的特点,组织国内外专家、企业开展行业或企业知识产权论坛和研讨会,探索更加具有针对性和有效的知识产权宣传活动形式。

另外,紫竹高新区创新制作《紫竹知识产权通讯》主题内容和推送机制,更加方便企业了解紫竹高新区知识产权动态、紫竹高新区企业知识产权情况及专家观点。充分运用各类新闻媒体,做好区内知识产权的社会普及性宣传,不断提升紫竹高新区企业的知识产权意识,在紫竹高新区内形成尊重和保护知识产权的良好氛围。同时,积极宣传知识产权托管成功案例;举办外资企业知识产权交流会;进一步加大知识产权运用、转化方式、渠道的宣传。

## 第二节 深化推进高新区对知识产权创新的确权工作

创新是知识产权的基础,没有创新,知识产权也就成为"无源之水,无本之木";知识产权又是对创新的激励,没有知识产权的保护,创新就不可能持续,也就没有发展的优势。紫竹高新区知识产权托管面向紫竹发展的未来,在现有产业的基础上,坚持在创新中的知识产权保护工作。

### 一、提高知识产权的研发能力

#### (一) 开拓知识产权创新渠道

紫竹高新区为进一步发展高新科技产业,推进产业集群创新、完善区域创新体系,以企业在不同阶段的创新活动需求为基础,组织知识产权服务,帮助企业开拓创新渠道,对中小微企业完善知识产权工作提供必要的指导,突出功能建设,逐步形成系统化、专业化的知识产权服务体系。

紫竹高新区已经相继建成包括视听网络产业基地在内的多个产业发展层次，奠定了强大的创新发展能力。2015年以来，高新区与闵行区政府和上海交通大学就推进紫竹新兴产业技术研究院工作进行了多次探讨交流，三方在明晰紫竹产研院的功能定位，健全紫竹产研院组织构架，建立市场化的运行管理机制的目标下，以产业发展和市场需求为导向，利用高校的资源和市场的力量，做好产业创新的公共技术服务平台和成果转化服务平台，使得上海紫竹新兴产业技术研究院成为高新区未来创新活动的又一重要来源和活力支持。

### （二）提高高新区产学研对接能力

加强对企业的知识产权公共服务，积极引导紫竹高新区内企业开展有效的知识产权管理工作。通过紫竹高新区提供的各种知识产权服务平台和资源，将企业对知识产权工作的需求与知识产权专业服务机构的专业化服务相结合，完善在现有基础上为紫竹高新区企业特别是中小企业提供的管家式服务的知识产权托管服务菜单。细化知识产权服务平台的各项功能，帮助孵化企业建立并运行知识产权管理体系；树立创新活动中知识产权托管的典型做法和亮点成果。

创新是知识产权的源泉，知识产权是受法律保护的智力财产，没有技术创新活动和成果，就不可能有知识产权。知识产权也有多种保护形式，结合创新活动中的风险性控制、创新成果的公共性和外部性要求，合理使用现有知识产权制度体系，保障知识产权创新活动及其相关成果，从而为其从创新过渡到创业提供有效渠道和便利措施。这些知识产权活动的实质是既保护发明人和创新投资者的利益，又促进高新区技术合理有偿地扩散。

## 二、创新成果的知识产权确权机制

### (一) 建立创新成果的确权绿色服务通道

紫竹高新区在大力推进创新能力建设的同时，也为创新成果的知识产权保护创造了条件和机制。高新区知识产权托管将以公共服务内容覆盖创业中的知识产权保护要求，为创新活动保驾护航。与此同时，基于对创新活动在时效性和效益性上的要求，高新区还尝试在高新区托管中，利用高新区平台、社会资源、托管办公室、专家团队等机制，对于创新活动的突发事件绕过问诊、诊断和开方这一通常的解决方式，建设服务于创新平台和创新活动成果的知识产权绿色通道。

### (二) 加强高新区对知识产权确权的服务功能

探索、完善高新区对创新活动的知识产权服务功能，帮助创新企业开展技术模仿风险控制、专利申请策略安排、专利布局规划，根据创新成果形式选择知识产权形式保护，注意人才流动中的商业秘密保护，推行软件正版化，为高新区创新企业提供区内纠纷解决的途径和方式，充分发挥高新区与行业协会、调解中心、中介服务机构等渠道资源，开展依托知识产权托管服务能力，为区内创新中各类知识产权创造和确权提供解决方案。健全高新区知识产权信用管理，将侵权行为信息纳入高新区知识产权信息服务平台，加强知识产权创新宣传，将知识产权工作内容纳入高新区创新活动的全部内容，帮助企业树立"尊重知识、崇尚创新、诚信守法"的知识产权保护意识。

# 第三节 重点建设高新区对知识产权创业的用权机制

围绕紫竹高新区产业发展的重点领域,积极引导、扶持技术含量高、市场前景好、带动效应强的自主知识产权项目,提高自主知识产权对企业和紫竹高新区发展的贡献率。紫竹高新区积极鼓励区内企业与周边的上海交通大学、华东师范大学等高校科研机构的合作,通过知识产权纽带,开展以"产学研"为基础的研发、生产、投融资、许可、转让、联盟等多种经济活动,创新商业模式,帮助企业在创业中成长,在成长中壮大,在国际化中升级,依托高新区知识产权托管,使得知识产权成为这些企业开疆辟土的核心竞争力和主要手段。

## 一、创建完善知识产权投资转化的要素市场

### (一)设立高新区知识产权专项融资基金

创新成果需要经过创业转化,才能实现知识产权的经济价值,真正体现知识产权对创业创新活动的支撑作用。紫竹高新区在传统孵化、转化机制中,突破传统孵化器的思维束缚,强化对企业孵化的创业服务意识和服务功能配套,升级更新了孵化器商业新形式。

1. 紫竹创业创新综合服务体系

紫竹高新区设立了"紫竹孵化器",在高新区中心地域拨出了1.2万平方米的创业孵化空间为创业者提供物理集聚,免去了创业者的前期场地成本;同时,设立10亿元的"紫竹小苗基

金",专用于扶持区内的成果转化企业、大学生创业企业、大型文化创意产业等的入驻、孵化和成长。这是为响应国务院"大众创业、万众创新"政策号召采取的具体措施,紫竹高新区改革原有紫竹创业投资公司的升级举措,着力打造多维度、立体化的紫竹创业创新综合服务体系——"紫竹孵化器+紫竹创投+紫竹小苗基金",进一步优化高新区创业创新环境,营造良好的科创氛围。

**资料 5-1**

## 设立"紫竹小苗基金",优化"双创"环境

在原有紫竹创投和闵行紫竹科技创业基金的基础上,紫竹高新区设立了总额为10亿元人民币的"紫竹小苗基金股权投资有限公司",先期投入一亿元,聚焦创业企业A轮及天使轮阶段的风险投资项目。2015年以来,在高新区范围内已经梳理项目30余家,其中重点针对近10家单位出具尽职调查报告,涉及跨国公司技术团队溢出、上海交通大学教师创业、大学生创业、高新区初创企业等各种类型的团队。通过高新区知识产权托管服务等培育实践,高新区初创企业在获取外部投融资方面取得了可喜的成果,2015年,共有东邻等10家在孵企业取得股权融资,总计取得融资额度约1.5亿元人民币,这一系列行动对高新区科创企业起到了一定的激励作用,优化了高新区的"双创"氛围。基金计划通过2—5年的运作,以小苗基金初期投入为基础,带动社会资金投入规模达到5亿—10亿元,再下一步通过设立创业引导资金等政策扶持体系,合计最终风险和股权投资

资金规模达到 30 亿元。①

2. 孵化器组团

依托紫竹国家高新区"产学研"三位一体的优势以及知名高校、世界 500 强、大型国企、研发机构等产业集群优势，通过线上与线下、孵化与投资相结合，推进"专业孵化器＋新型孵化器＋综合孵化器"协同发展的"紫竹孵化器组团"建设，联合微软、英特尔、东方明珠、合一集团等设立五家专业孵化器；通过"众创空间＋基础扶持＋接力扶持＋天使投资"的多步走方式，构建"场所＋投资＋专业服务＋政策支持"的新型孵化器，深化国家级综合孵化器建设，为初创企业和团队提供低成本、便利化、全要素的孵化器组团的综合服务。

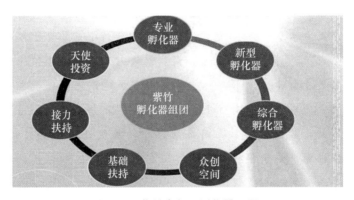

图 5-2　紫竹高新区孵化器组团

在孵化器组团中，重视对企业知识产权的尽职调查，将其列入孵化入园的基本条件之一。通过对企业知识产权的数量和质量统计、工作以及研发成果等专业评估，得出企业知识产权

---

① 参见《紫竹国家高新区知识产权工作汇报（2016）》。

状况及发展潜力结论,成为企业是否孵化、如何孵化等方案的基本内容。

表 5-1　企业知识产权尽职调查基本情况表

| 名称 | 专利 | | 商标 | 著作权 | | 商业秘密 | |
|---|---|---|---|---|---|---|---|
| | 发明 | 实用新型 | | 著作权 | 软著 | 技术秘密 | 经营秘密 |
| 证书编码 | | | | | | | |
| 有效期 | | | | | | | |
| 取得方式 | | | | | | | |
| 许可情况 | | | | | | | |
| 共有人 | | | | | | | |
| 年费缴纳 | | | | | | | |
| 其他 | | | | | | | |

在知识产权基本信息统计基础上,了解企业的知识产权资料,展开具体知识产权使用及工作状况调查,对技术状态等进行分析,分析未来发展的风险和收益,为孵化器选定孵化企业提供与知识产权资料相关联的详细的知识产权信息。

(二)知识产权评估指标及体系

1. 成果转化中的知识产权价值依据

高新区企业在开展知识产权转化或创业孵化时往往会遇到如何确认知识产权轻资产的价值问题。首先,企业需要拓展知识产权成果转化的途径。既可以是知识产权引进,也可以是通过对自己研发的成果进行价值评估后,在企业利用率不大的情况下,通过专利许可、转让的方式进行其他商业性使用;还可以与其他企业进行知识产权合作。其次,无法有效确认成果的知识产权价值是一些成果无法转化的重要原因。虽然专门的评估公司、审计公司和一些代理公司都可以进行知识产权的价值评估业务,但从实际操作来看,评估结果都不尽如人意,真正对企业有价值的评估很少。很多价值评估只是为评估而评估,评估价值准确性不高,不能与市场相适应,评估结果反而影响了企业技术成果的商业使用。当前无形资产的评估往往套用有形资产评估的套路,并没有形成一套有效的得到公认的评估方式,在实际操作中的认可度不高,使得一些合作企业不愿采纳评估结果,对企业的知识产权转让造成影响。最后,由于价值无法得到明确,因此知识产权研发的收益分配问题就受到影响,企业和目标客户之间对收益分配不能达成一致,有的即使开始能够形成共识,但随着市场波动、销售利润变化等原因,双方对原定的收益分配不再满意,逐渐产生矛盾,而对于如何修改又不能达成合意,也是阻碍知识产权成果转化的一大原因。

2. 知识产权评估指标和体系

为解决在孵化及投资前尽职调查中企业的知识产权价值难以量化的问题,紫竹高新区联合上海大学知识产权学院正在研究制定知识产权评估考评指标和体系,作为高新区内企业孵化和成果转让时评估知识产权价值的依据,为扶持、投资等提供参考。

依托这套评估指标和体系,高新区要探索并逐步建立起"投前—知识产权评估,投后—知识产权运营及资产化"的知识产权评估及运营模式。同时,进一步细化完善与上海大学知识产权学院共同制定的知识产权评估体系,将知识产权工作重心逐步从关注知识产权创造转移到关注知识产权创造、运用、管理和保护全过程,从关注知识产权数量逐步转移到关注知识产权质量,探索一条符合高新区实际情况的知识产权运营及资产化管理模式。

## 二、建立健全知识产权运营机制

### (一) 帮助创业企业建立知识产权竞争力

1. 创业企业的知识产权人事管理

创业企业面临着人财物齐缺的局面，但创业企业仍然需要在企业做大做强之前就对企业人事进行合理安排，否则就会在企业做大做强之后发现由于原来的约定不明确，导致事后在责权利上混乱，要耗费极大代价才能纠偏改正。

企业需要通过人事管理确保知识产权操作制度流程。一方面，企业内部需要建立关键档案管理和流程规则制度。创业企业即使不能在一开始就建立一套完善的企业内部风险控制制度，但还是应该在对企业的关键文件及资料的使用上，有明确的流程管理和负责人制度，确保有迹可循，一旦出现因人员流动导致文件、合同等商业秘密泄密，就可以以权利人身份主张权益，否则很容易由于疏于约束和管理，导致商业秘密无法追回，造成不可挽回的经济损失。另一方面，企业应当与企业高层、重要员工签署保密协议、竞业禁止协议等。对于创业企业来说，初创阶段通过协议形式对知识产权归属及其未来收益分配等作出明确规定，有助于企业成长后不会出现由于人员流动而出现商业秘密流失无法控制的风险，而明晰的资产权属对于吸引资本投资是非常重要的谈判砝码，是评估企业知识产权价值的重要依据。

2. 创业企业的品牌建设

创业企业往往过于看重产品研发和市场开拓，而忽略了知识产权价值的开发和积累，从而导致在成长中付出更加高昂的成本来弥补这一错误。以企业 VI 视觉识别为例，它是企业视觉形象识别标识的集合，对于塑造企业整体品牌形象，展示企业文化具有重要意义。创业之初，企业总觉得包括商标在内的形象标识对于企业市场开拓没有什么意义，缺乏品牌创建意识，事实上，使用不注册商业标识，容易招致他人以商标、域名、字号等形式抢注等；企业自有系列标识不规范使用，随意使用，企业商业标识无法统一；企业商业标识与其他企业商业标识发生冲突等一系列问题。企业如果不重视商业标识的注册使用问题，就会使得创业企业在市场竞争中丧失先机，也不利于向客户和投资人介绍创业企业的企业文化、核心团队的价值观，造成企业形象价值损失。

3. 创业企业的知识产权清单管理

紫竹高新区针对不同的创业企业，建议采用不同的知识产权清单，适用知识产权工作制度。第一类是软件互联网创业企业，主要以软件开发为主，因此及时进行软件著作权登记对于企业来说就非常重要。这不但是解决争议纠纷时的重要权利证明文件，而且对于创业企业在创业中作价质押或吸引投融资都具有重要的资产参考价值，还能由此享受到相关的政策支持和扶持。第二类是文化创意企业，对这类企业而言，作品著作权登记，视听技术等专利研发、申请，商业秘密的保护和企业商标申请、使用等是非常重要的，不仅可以使企业在市场中凭借知识产权占据竞争优势，而且还是争取政策支持和扶持的主要依据。第三类是科技类创业企业。这类企业的关键是研发技术及其相关产品所涉及的专利和商业秘密。对于专利来说，除非创业企业想将其作为商业秘密进行保护，否则无论是发明、实用新型还是外观设计专利都是，这类企业知识产权的最佳选择。这些专利的数量和质量可以非常有效地为创业企业增加被认可的程度，有利于吸引投资，提高估值；而这又是评选和认定各种高新技术企业等称号的主要依据，如果能够得到这些资质和荣誉，就可以得到大量的政府资助或税收优惠。

知识产权清单的建立和累积对于创业企业来说是一个漫长的过程，但是如果不能正确地看待知识产权对于企业的意义及未来的价值，就会在企业后续发展中遇到更多的麻烦和障碍，所以，高新区对于创业企业的知识产权工作将围绕上述工作内容，帮助创业企业开展未雨绸缪，防患于未然的知识产权预警管理，是创业企业知识产权的产业化和商业化中具有决定性意义的一环。

(二) 协助创业企业开展知识产权市场化活动

紫竹高新区协助创业企业开展知识产权的产业化，可以从孵化器托管入手，逐步推进项目转化，同时开展交流会、项目对接会，开拓PE、风投资源，拓宽企业知识产权转化运用的范围；也可以从企业创业、成长到成熟的一般发展周期的法律诊所托管入手，以知识产权公共服务为基础，定点帮助企业诊断解决相关问题，建构企业和市场的通道，协助各方资源的导入和对接，帮助企业实现知识产权的市场化。

在紫竹高新区的发展过程中，为实施"创新驱动，转型发展"战略，落实"大众创业、万众创新"的政策措施，走出一条符合高新区产业定位和优势的创业创新发展之路，需要更加深入的知识产权工作和制度创新。同时，为支持与配合上海创建"具有全球影响力的科技创新中心"的目标，发挥高新区体制机制优势，坚持以"生态、人文、科技"为发展理念，进一步优化紫竹高新区创业创新环境，推进战略性新兴产业集聚，成为专业化的高科技园区运营商、服务集成商和新兴产业引领者，积极创建上海南部科创中心和创新功能集聚区，打造"东方硅谷"，也需要高新区在现有知识产权工作模式、机制的基础上，结合自身实际，制订高新区知识产权工作的新规划和重点，提出适合高新区未来发展重点的配套知识产权机制，严格按照规划和机制开展各项工作以保障高新区发展目标的最终实现。

## 案例 5-2

### 上海太阳能工程技术研究中心有限公司的知识产权工作取得良好成绩

上海太阳能工程技术研究中心有限公司是上海市政府于2005年颁牌成立的上海市级工程技术研究中心，主要从事太阳能领域内各种技术研发、咨询及应用，是上海市太阳能技术开发利用产学研的重要平台，也是上海市政府发展太阳能技术及产业的专业咨询及评估机构。公司依托上海航天局、上海空间电源研究所先进的空间光伏技术，研究方向主要围绕光伏材料、关键装备研制及检测、光伏系统应用三大方向。作为上海航天光伏产业链核心技术环节，公司承担着其中关键技术的研发与应用，以及重要技术预研与攻关的任务，积极为航天光伏产业链注入创新能量。发展至今，公司已经承担各类科研项目近百项，还完成了包括世博、申通、国家发改委办公大楼等多项重大工程建设项目。

在公司业务模块持续扩张，经济效益增长的同时，公司非常重视知识产权工作，深刻认识到知识产权的管理和保护对于公司未来发展的重要意义。通过不断完善知识产权战略规划和管理体系，公司制定了中长期专利战略。该战略贯穿于公司专利的创造、管理、应用、保护的整个过程，重点分析和梳理了适合转化的有效专利，逐步探索适合公司发展的专利转化方案，进一步扩大专利产品产业化、工程化应用市场，使得自主研发产品在各项科研及工程项目中均获得有效实施，有效降低了光伏电站的建设成本，为上海市分布式电站应用作出了示范，为绿色能源的推广起到了积极意义。同时，公司整合内外创新资源，结合产学研发展模式，积极与高校、院所、企业寻求合作，牵头成立了上海光伏产业创新战略联盟，加入上海市分布式光伏产业联盟，为科研人员提供专利技术转化的强大平台，另外，强化实现专利成果的利益最大化，各项发明专利的转化率达到100％，形成的产品为业内企业提供技术服务和产品销售，实现了经济与社会效益共赢的良好局面。

为进一步开展专利实施工作，实现专利转化的体系化发展，公司积极利用紫竹高新区的知识产权资源，依托知识产权服务平台，邀请业内顶尖、权威专家作为技术顾问，为专利实施的各项工作保驾护航，并遵照国家科技奖励制度有关规定，制定了适用于本公司的创新奖励办法及专利工作绩效考核办法，对各类知识产权创造和有效转化进行创新奖励，调动科技人员开展技术研发和实施工作的积极性。同时，为提高员工的专利意识和能力，在每年的4月26日知识产权宣传活动期间，由公司发放相关专利管理文件，向全体员工进行知识产权相关政策和知识的宣传。公司还鼓励员工参与紫竹高新区的各类知识产权活动，包括知识产权工作者沙龙、网络视听产业版权保护研讨会、知识产权宣传周活动等。通过多渠道的宣传及培训工作，公司所有人员的知识产权意识都得到了提升。近年来公司发明专利的授权速度明显加快，专利申请质量显著提高，专利实施转化效率飞速提升，经济社会效益逐年递增，公司整体的知识产权实力得到了很好的加强。

公司重视知识产权工作的各项措施取得了很好的效果，也得到来自社会各界的肯定，获得了国家能源科技进步奖、上海市科技进步奖、闵行区科技成果奖、上海市实用新型专利奖、闵行区专利示范企业、紫竹知识产权先进企业、上海市专利试点企业等多项知识产权荣誉。同时，公司开展知识产权工作的一些做法和经验也被高新区的知识产权托管所汲取和借鉴，为高新区知识产权托管提供了有益的示范。

公司将在未来的知识产权工作中坚持以"知识产权工作围绕公司整体经营发展目标"为宗旨，依托紫竹高新区知识产权托管平台和资源，以"产学研相结合"的方式，整合内外创新资源，整体推进公司专利创新能力与水平，强化专利成果转化，既充分体现公司强大的软实力，也积极探索公司知识产权利益最大化的途径，为企业经济效益的增长提供新的增长点。①

---

① 参见陆思嫒：《上海太阳能工程技术研究中心有限公司知识产权工作介绍》，载《紫竹知识产权通讯》2015年第2—3期。

附件
## 政策与文件

# 附件一　国家知识产权试点示范园区管理办法

## 第一章　总　　则

**第一条**　为规范国家知识产权试点示范园区管理，引领带动园区知识产权工作，大力培育发展知识产权密集型产业，支撑园区创新驱动发展，制定本办法。

**第二条**　国家知识产权局主要面向省级以上各类园区开展知识产权试点示范工作，分为试点、示范两个层级，称号分别为"国家知识产权试点园区"、"国家知识产权示范园区"。

**第三条**　国家知识产权试点示范园区按照"自愿申报、择优评定、分类指导、分级管理"的原则进行管理。

**第四条**　国家知识产权试点示范园区分为技术开发类、贸易合作类和创意设计类。

技术开发类园区主要包括经济技术开发区、高新技术产业开发区等；贸易合作类园区主要包括综合保税区、经济合作区等；创意设计类园区主要包括工业设计园、创意产业园等。

**第五条**　国家知识产权试点示范园区分类探索知识产权支撑园区发展的不同模式。

技术开发类园区主要探索知识产权支撑高新技术产业发展的有效模式，将知识产权工作与科技成果转化、产学研合作、产业联盟建设等深度融合，以知识产权构筑产业核心竞争力。

贸易合作类园区主要探索知识产权支撑国际贸易合作的有效模式，将知识产权工作与对外贸易、海关监管、经济合作等深度融合，以知识产权打造开放型经济新优势。

创意设计类园区主要探索知识产权支撑工业设计和创意产业发展的有效模式，将知识产权工作与工业设计、创意服务、品牌建设等深度融合，以知识产权引领创意设计新发展。

第六条　国家知识产权试点示范园区的申报和建设主体是园区管理委员会（以下统称为"园区管理主体"）。

园区管理委员会为县级以下人民政府派出机构的，申报和建设主体是园区所在地县（区、市）人民政府。

园区实行公司化运营的，园区运营管理公司应联合或者由所在地县级以上人民政府作为申报和建设主体。

第七条　国家知识产权局负责国家知识产权试点示范园区的评定考核、宏观管理和工作指导；各省、自治区、直辖市知识产权局（以下统称"省知识产权局"）负责本地区国家知识产权试点示范园区的申报推荐、日常管理和业务指导。

## 第二章　国家知识产权试点园区的评定

第八条　国家知识产权试点园区的申报条件：

（一）环境良好。园区管理主体重视知识产权工作，具有良好的知识产权促进政策和一定的知识产权人才与资源优势，出台了知识产权政策文件。

（二）基础扎实。园区每万人口发明专利拥有量不低于同期全国平均水平的2倍；所在省份已开展省级园区知识产权试点的，已完成省级知识产权试点园区考核验收且合格。

（三）条件具备。园区管理主体设有知识产权管理部门，配备专职工作人员，年度知识产权专项经费占园区一般预算支出不低于0.02%。

**第九条** 国家知识产权试点园区的申报程序：

（一）制定方案。符合申报条件的园区应在市（州、盟）知识产权部门指导下，制定国家知识产权试点园区工作方案，报送省知识产权局。

（二）方案论证。省知识产权局组织对试点工作方案进行论证，提出论证意见，并指导园区对试点工作方案进行修改完善。

（三）提出申报。园区管理主体正式向省知识产权局提出申报，提交试点工作方案和本办法第八条所述条件的相关证明材料，由省知识产权局择优向国家知识产权局书面推荐。

**第十条** 试点工作方案应按照本办法第四条的分类明确园区类型；应参照本办法第十三条的规定，结合发展基础和产业特点，突出工作重点和试点特色，合理确定试点工作目标，做到定性与定量相结合。

**第十一条** 国家知识产权局原则上每年上半年受理试点园区申报，7月份集中开展评定工作，确定试点园区名单，批复试点工作方案并授牌。

**第十二条** 试点工作方案批复3个月内，园区管理主体应正式印发国家知识产权试点园区工作方案，并将有关文件报省知识产权局和国家知识产权局备案。

## 第三章 国家知识产权试点园区的管理

**第十三条** 国家知识产权试点园区的主要任务：

（一）基础工作。优化知识产权政策体系，强化知识产权质量和效益导向；引导企业知识产权管理标准化，培育知识产权优势企业；大力培养知识产权人才，建立公共服务与市场化服务互补互促的知识产权服务体系；开展知识产权宣传培训，营造知识产权文化氛围。

（二）特色工作。技术开发类园区主要是促进专利技术转移转化，鼓励知识产权创新创业；建立产学研合作的专利协同运用机制，积极培育高价值专利。

贸易合作类园区主要是加强对外贸易、海外展会的知识产权风险预警，建立多元化知识产权纠纷解决机制，加大知识产权国际合作力度，营造良好的知识产权保护环境。

创意设计类园区主要是以外观设计专利提升工业设计竞争力，加强创意和设计成果的知识产权综合性保护和组合性运营。

第十四条 国家知识产权试点园区工作周期为3年，从批准发文之日起计算。

第十五条 试点园区应于每年3月底通过省知识产权局向国家知识产权局报送上年度工作总结、当年工作计划和有关统计信息。

逾期未报且无正当理由的，视为退出试点园区，试点工作自动终止，国家知识产权试点园区称号取消。

第十六条 试点期间，省知识产权局应对试点园区进行督促检查，确保试点工作方案有效实施；将试点园区作为相关专项工作的推进平台，重点进行政策扶持和业务指导。

国家知识产权局结合年度工作重点，对试点园区建设工作给予支持；以信息统计为基础，对试点园区工作绩效进行评价；优先支持试点园区的企业参评国家级知识产权优势示范企业、国家专利运营试点企业；支持有条件的试点园区开展知识产权质押融资、专利保险试点；加大对试点园区知识产权人才培养的倾斜力度，将试点园区相关人员纳入有关专门人才培养计划。

试点园区知识产权有关重大事项应及时通过省知识产权局向国家知识产权局报告。

**第十七条** 试点期满后，国家知识产权局会同省知识产权局依据试点工作方案和《国家知识产权试点示范园区考核指标》（见附件）对试点园区进行考核验收。

**第十八条** 有下列情形之一的，国家知识产权试点园区考核验收不予通过，国家知识产权试点园区称号取消：

（一）试点工作方案目标和任务完成情况较差的；

（二）试点期间未按要求开展国家知识产权局部署的年度工作两次以上的；

（三）《国家知识产权试点示范园区考核指标》得分未达到70分的。

**第十九条** 通过考核验收的试点园区2年内可申报示范园区，并参照试点园区进行管理。2年以上未申报示范园区或申报不成功的，不得继续使用国家知识产权试点园区称号。

未通过考核验收的试点园区，可以开展新一周期的试点工作，于考核验收后6个月内制定新的试点工作方案，经省知识产权局审核后，报送国家知识产权局备案，并保留国家知识产权试点园区称号。

## 第四章 国家知识产权示范园区的评定

**第二十条** 国家知识产权示范园区的申报条件：

（一）通过试点园区考核验收，且在考核验收后2年内。

（二）条件保障到位。知识产权专职工作人员4人以上，上年度知识产权专项经费占园区财政一般预算支出高于0.05%。

（三）建设环境良好。园区管理主体高度重视知识产权工作，将知识产权工作纳入园区年度考核指标，具有健全的政策体系和高效的管理机制。

第二十一条　国家知识产权示范园区的申报程序：

（一）发布通知。国家知识产权局原则上每年下半年发布示范园区申报通知，对申报评定工作作出安排。

（二）提出申报。由省知识产权局受理辖区内示范园区申报。符合申报条件的园区管理主体向省知识产权局提出申报，并提交《国家知识产权试点示范园区考核指标》自评表和相关证明材料。

（三）择优推荐。省知识产权局对园区申报资格进行审查，对申报材料进行审核，择优向国家知识产权局推荐，并附书面推荐函。

第二十二条　国家知识产权局对申报园区进行综合评比、集中评定，确定示范园区名单，发布通知并授牌。

第二十三条　国家知识产权示范园区应于批准后6个月内，制定并印发国家知识产权示范园区三年工作规划，并报送省知识产权局和国家知识产权局备案。

## 第五章　国家知识产权示范园区的管理

第二十四条　国家知识产权示范园区的主要任务：

（一）巩固试点期间所取得各项成果。

（二）围绕优势产业发展，开展产业专利导航，完善知识产权服务链条，构建产业知识产权运营体系。

（三）深化知识产权领域改革，支持知识产权领域内社会组织发展，引导产业知识产权联盟建设。

（四）强化知识产权保护，探索建立知识产权综合管理或执法机制。

**第二十五条** 国家知识产权示范园区工作周期为3年，自批准发文之日起计算。

**第二十六条** 示范园区应于每年3月底通过省知识产权局向国家知识产权局报送上年度工作总结、当年工作计划和有关统计信息。

逾期未报且无正当理由的，视为退出示范园区，示范工作自动终止，国家知识产权示范园区称号取消。

**第二十七条** 国家知识产权局会同省知识产权局对示范园区进行跟踪指导，确保工作规划顺利实施。在试点园区享受政策的基础上加大支持力度，建立示范园区专利导航项目专家指导机制，优先支持示范园区实施产业规划类和企业运营类专利导航项目，优先支持示范园区内的产业知识产权联盟建设，推动国家和省级知识产权相关重大改革、重点项目等在示范园区先行先试。

示范园区知识产权有关重大事项应及时通过省知识产权局向国家知识产权局报告。

**第二十八条** 示范期满后，经示范园区申请，国家知识产权局依据工作规划和《国家知识产权试点示范园区考核指标》对示范园区进行复核。

示范期满3个月内，示范园区未提出申请的，视为放弃复核，示范工作自动终止，国家知识产权示范园区称号取消。

**第二十九条** 有下列情形之一的，国家知识产权示范园区复核不予通过：

（一）工作规划目标和任务完成情况较差的；

（二）示范期间未按要求开展国家知识产权局部署的年度工作两次以上的；

（三）《国家知识产权试点示范园区考核指标》得分未达到80分的。

第三十条　通过复核的示范园区，保留国家知识产权示范园区称号，制定并印发新的示范园区三年工作规划，继续开展示范园区建设工作。

未通过复核的示范园区，给予1年整改期，整改后仍不合格的，取消国家知识产权示范园区称号。

## 第六章　附　　则

第三十一条　具有下列情况之一的，将取消试点（示范）园区称号，试点（示范）工作终止：

（一）以不当方法影响试点示范园区评定、考核验收或复核的；

（二）在报送材料中弄虚作假，数据与实际不符的；

（三）对发生重大群体性、反复、恶意知识产权侵权事件，在全国范围内造成恶劣影响，未能采取有效措施及时遏制的。

第三十二条　园区出现试点（示范）工作终止、未通过考核验收或复核等情形的，在内部工作和对外宣传中不得继续使用试点示范园区称号。

工作终止的园区2年内不得重新申报试点园区。

第三十三条　国家知识产权局建立试点示范园区名单发布制度，及时更新和公布在册和退出园区名单。

不具有资格的园区在对外宣传中因使用试点（示范）园区

称号造成不良后果的,国家知识产权局依法追究有关单位和个人的法律责任。

**第三十四条** 本办法由国家知识产权局专利管理司负责解释。省知识产权局可以依照本办法制修订本地区知识产权试点示范园区有关管理办法。

**第三十五条** 本办法自颁布之日起实施。本办法施行前发布的有关文件与本办法不一致的,按照本办法执行。

# 附件二　关于进一步加强知识产权运用和保护助力创新创业的意见

知识产权是联结创新与市场之间的桥梁和纽带。知识产权制度是保障创新创业成功的重要制度，是激发创新创业热情、保护创新创业成果的有效支撑。为深入实施创新驱动发展战略和国家知识产权战略，进一步加强知识产权运用和保护，助力创新创业，现提出以下意见。

**一、总体要求**

（一）指导思想

全面贯彻落实党的十八大和十八届二中、三中、四中全会精神，认真落实党中央、国务院决策部署，充分发挥市场在资源配置中的决定性作用，更好发挥政府作用，创新知识产权管理机制，健全知识产权公共服务体系，引领创新创业模式变革，优化市场竞争环境，释放全社会创造活力，催生更多的创新创业机会，让创新创业根植知识产权沃土。

（二）基本原则

一是市场导向。发挥知识产权对创新创业活动的激励作用，充分调动市场力量，形成创新创业知识产权激励和利益分配机制，促进创新创业要素合理流动和高效配置。

二是加强引导。突出知识产权对创新创业活动的导向作用，更多采用专利导航等有效手段，创新服务模式和流程，提升创新创业发展水平。

三是积极推动。坚持政策协同、主动作为、开放合作，建立政府引导、市场驱动、社会参与的知识产权创新支持政策和创业服务体系,全力营造大众创业、万众创新的良好氛围。

四是注重实效。紧贴创新创业活动的实际需求,建立横向协调、纵向联动的工作机制,强化政策落实中的评估和反馈,不断完善和深化政策环境、制度环境和公共服务体系,形成利于创新、便于创业的格局。

**二、完善知识产权政策体系降低创新创业门槛**

(三)综合运用知识产权政策手段。引导广大创新创业者创造和运用知识产权,健全面向高校院所科技创新人才、海外留学回国人员等高端人才和高素质技术工人创新创业的知识产权扶持政策,对优秀创业项目的知识产权申请、转化运用给予资金和项目支持。进一步细化降低中小微企业知识产权申请和维持费用的措施。充分发挥和落实各项财税扶持政策作用,支持在校大学生和高校毕业生、退役军人、登记失业人员、残疾人等重点群体运用专利创新创业。在各地专利代办处设立专门服务窗口,为创新创业者提供便捷、专业的专利事务和政策咨询服务。

(四)拓宽知识产权价值实现渠道。深化事业单位科技成果使用、处置和收益管理改革试点,调动单位和人员运用知识产权的积极性。支持互联网知识产权金融发展,鼓励金融机构为创新创业者提供知识产权资产证券化、专利保险等新型金融产品和服务。完善知识产权估值、质押、流转体系,推进知识产权质押融资服务实现普遍化、常态化和规模化,引导银行与投资机构开展投贷联动,积极探索专利许可收益权质押融资等新模式,积极协助符合条件的创新创业者办理知识产权质押贷款。支持符合条件的省份设立重点产业知识产权运营基金,扶持重点领域知识产权联盟建设,通过加强知识产权协同运用助推创业成功。

### 三、强化知识产权激励政策释放创新创业活力

（五）鼓励利用发明创造在职和离岗创业。完善职务发明与非职务发明法律制度，合理界定单位与职务发明人的权利义务，切实保障发明人合法权益，使创新人才分享成果收益。支持企业、高校、科研院所、研发中心等专业技术人员和技术工人进行非职务发明创造，提供相应的公益培训和咨询服务，充分发挥企事业单位教育培训费用的作用，加强对一线职工进行创新创造开发教育培训和开阔眼界提高技能的培训，鼓励职工积极参与创新活动，鼓励企事业单位设立职工小发明小创造专项扶持资金，健全困难群体创业知识产权服务帮扶机制。

（六）提供优质知识产权公共服务。建立健全具有针对性的知识产权公共服务机制，推动引进海外优秀人才。加大对青年为主体的创业群体知识产权扶持，建立健全创业知识产权辅导制度，促进高质量创业。积极打造专利创业孵化链，鼓励和支持青年以创业带动就业。组织开展创业知识产权培训进高校活动，支持高校开发开设创新创业知识产权实务技能课程。从优秀知识产权研究人员、专利审查实务专家、资深知识产权代理人、知名企业知识产权经理人中选拔一批创业知识产权导师，积极指导青年创业训练和实践。

### 四、推进知识产权运营工作引导创新创业方向

（七）推广运用专利分析工作成果。实施一批宏观专利导航项目，发布产业规划类专利导航项目成果，更大范围地优化各类创业活动中的资源配置。实施一批微观专利导航项目，引导有条件的创业活动向高端产业发展。建立实用专利技术筛选机制，为创新创业者提供技术支撑。推动建立产业知识产权联盟，

完善企业主导、创新创业者积极参与的专利协同运用体系,构建具有产业特色的低成本、便利化、全要素、开放式的知识产权创新创业基地。

(八)完善知识产权运营服务体系。充分运用社区网络、大数据、云计算,加快推进全国知识产权运营公共服务平台建设,构建新型开放创新创业平台,促进更多创业者加入和集聚。积极构建知识产权运营服务体系,通过公益性与市场化相结合的方式,为创新创业者提供高端专业的知识产权运营服务。探索通过发放创新券的方式,支持创业企业向知识产权运营机构购买专利运营服务。

**五、完善知识产权服务体系支撑创新创业活动**

(九)提升知识产权信息获取效率。进一步提高知识产权公共服务水平,在众创空间等新型创业服务平台建立知识产权联络员制度,开展知识产权专家服务试点,实施精细化服务,做到基础服务全覆盖。加强创新创业专利信息服务,鼓励开展高水平创业活动。完善专利基础数据服务实验系统,扩大专利基础数据开放范围,开展专利信息推送服务。

(十)发展综合性知识产权服务。发挥行业社团的组织引领作用,推动知识产权服务机构通过市场化机制、专业化服务和资本化途径,为创新创业者提供知识产权全链条服务。鼓励知识产权服务机构以参股入股的新型合作模式直接参与创新创业,带动青年创业活动。在国家知识产权试点示范城市广泛开展知识产权促进高校毕业生就业试点工作,强化知识产权实务技能培训,提供高质量就业岗位。

**六、加强知识产权培训条件建设提升创新创业能力**

(十一)加强创业知识产权培训。切实加强创业知识产权培训师资队伍和培训机构建设,积极推行知识产权创业模块培训、创业案例教学和创业实务训练。鼓励各类知识产权协会社团积极承担创新创业训练任务,为创业者提供技术、场地、政策、管理等支持和创业孵化服务。以有创业愿望的技能人才为重点,优先安排培训资源,使有创业愿望和培训需求的青年都有机会获得知识产权培训。

(十二)引导各类知识产权优势主体提供专业实训。综合运用政府购买服务、无偿资助、业务奖励等方式,在国家知识产权培训基地、国家中小微企业知识产权培训基地、国家知识产权优势和示范企业、知识产权服务品牌机构建立创新创业知识产权实训体系。引导国家知识产权优势和示范企业、科研组织向创业青年免费提供实验场地和实验仪器设备。

**七、强化知识产权执法维权保护创新创业成果**

(十三)加大专利行政执法力度。健全知识产权保护措施,加强行政执法机制和能力建设,切实保护创新创业者知识产权合法权益。深化维权援助机制建设,完善知识产权维权援助中心布局,在创新创业最活跃的地区优先进行快速维权援助中心布点,推动行政执法与司法联动,缩短确权审查、侵权处理周期,提高维权效率。

(十四)完善知识产权维权援助体系。构建网络化知识产权维权援助体系,为创新创业者提供有效服务。健全电子商务领域专利执法维权机制,快速调解、处理电子商务平台上的专利侵权纠纷,及时查处假冒专利行为,制订符合创新创业特点的知识产权纠纷解决方案,完善行政调解等非诉讼纠纷解决途径。建立互联网电子商务知识产权信用体系,指导支持电商平台加强知识产权保护工作,强化专业市场知识产权保护。

**八、推进知识产权文化建设营造创新创业氛围**

（十五）加强知识产权舆论引导。广泛开展专利技术宣传、展示、推广等活动，宣扬创新精神，激发创业热情，带动更多劳动者积极投身创新创业活动，努力在全社会逐渐形成"创新创业依靠知识产权，知识产权面向创新创业"的良好氛围。依托国家专利技术展示交易中心，搭建知识产权创新创业交流平台，组织开展创业专利推介对接，鼓励社会力量围绕大众创业、万众创新组织开展各类知识产权公益活动。

（十六）积极举办各类专题活动。积极举办面向青年的创业知识产权公开课，提高创业能力，助推成功创业。鼓励社会力量举办各类知识产权服务创新创业大赛，推动有条件的地方积极搭建知识产权创新创业实体平台。加强创业知识产权辅导，支持"创青春"中国青年创新创业大赛、"挑战杯"全国大学生课外学术科技作品竞赛等活动。鼓励表现优秀的创新创业项目团队参加各类大型知识产权展会。在各类知识产权重点展会上设置服务专区，为创新创业提供交流经验、展示成果、共享资源的机会。

国家知识产权局会同财政部、人力资源和社会保障部、中华全国总工会、共青团中央等有关部门和单位建立创新创业知识产权工作长效推进机制，统筹协调并指导落实相关工作。各地要建立相应协调机制，结合地方实际制定具体实施方案，明确工作部署，切实加大资金投入、政策支持和条件保障力度。各地和有关部门要结合创新创业特点、需要和工作实际，发挥市场主体作用，不断完善创新创业知识产权政策体系和服务体系，确保各项政策措施贯彻落实。各地要做好有关政策落实情况调研、发展情况统计汇总等工作，及时报告工作进展情况。

# 附件三　小企业集聚区知识产权托管工作指南

为进一步落实中小企业知识产权战略推进工程，指导中小企业集聚区开展知识产权托管工作（以下简称托管），特制定本指南。

### 一、托管简介

（一）概念

托管是指将企事业单位（以下简称企业）对知识产权管理的需求与知识产权服务机构（以下简称服务机构）专业化的服务相结合，在严格保守企业商业秘密的前提下，企业委托服务机构管理其全部或部分知识产权相关事务，为企业量身定制一揽子服务的工作模式。

（二）主要内容

在托管过程中，企业委托专业服务机构进行管理的事务包括：信息分析、专利申请文件撰写、专利申请流程服务、制度建设、专利运营、权利维护、战略规划、品牌宣传和建设、人才培训等内容。

由于企业的规模和性质、知识产权事务的工作量、知识产权工作的整体水平等存在差异，服务机构的规模和水平也各不相同，托管分为完全式托管和部分式托管。完全式托管主要面向未设置知识产权机构、人员的小型企业，以政府引导和支持服务机构提供信息分析、专利申请流程服务等无偿服务为主；部分式托管主要面向具备知识产权机构、人员的大中型企业，以政府推荐服务机构提供专利运营、权利维护、战略规划、人才培训等有偿的专业服务为主。

（三）原则与目标

托管工作的原则是双方自愿、诚实守信；目标是构建供需对接平台、优化资源配置，引导、推动和帮助各类企业与优秀知识产权服务机构开展紧密合作，为企业提供知识产权公共服务和专业化服务，有效提升企业的知识产权创造、运用、保护和管理能力，培育一批知识产权优势企业。

二、托管体系

托管工作由以下单位共同承担：各省、自治区、直辖市、计划单列市知识产权局及中小企业主管部门；国家知识产权局与工业和信息化部共同确定的中小企业知识产权战略推进工程实施单位（以下简称实施单位）；服务机构。

各单位主要任务如下：

（一）省、自治区、直辖市、计划单列市知识产权局及中小企业主管部门

省、自治区、直辖市、计划单列市知识产权局及中小企业主管部门负责指导实施单位的知识产权托管工作，其主要职责包括：

1. 制定本辖区知识产权托管工作的目标与方案；

2. 指导本辖区知识产权托管工作的实施；

3. 指导实施单位推选服务机构；

4. 检查本辖区知识产权托管工程的实施效果；

5. 及时向国家知识产权局、工业和信息化部汇报托管工作进展。

## (二) 实施单位

实施单位负责知识产权托管项目的具体实施,其主要职责包括:

1. 在省、自治区、直辖市、计划单列市知识产权局及中小企业主管部门指导下推选合格服务机构;

2. 为服务机构提供办公场所和工作设施;

3. 组织安排服务机构为托管企业制定托管方案;

4. 组织监督服务机构为托管企业开展托管服务;

5. 协调服务机构与托管企业合作及产生的问题;

6. 及时向省、自治区、直辖市、计划单列市知识产权局及中小企业主管部门汇报托管工作进展;

7. 其他与知识产权托管工程相关事宜。

## (三) 服务机构

服务机构负责向托管企业提供专业托管服务,其主要职责包括:

1. 受实施单位的委托,为集聚区内小型企业提供完全式托管,为其他企业提供部分式托管;

2. 为托管企业制定知识产权托管方案;

3. 根据工作进展适时调整托管方案和服务人员;

4. 协助实施单位建立集聚区企业知识产权档案,分析托管工作效果;

5. 向实施单位汇报工作进展;

6. 其他与知识产权托管工作相关的事宜。

## 三、托管工作流程

(一) 制定方案

省、自治区、直辖市、计划单列市知识产权局及中小企业主管部门制定工作方案，确定工作重点和经费预算。

（二）推选服务机构

省、自治区、直辖市、计划单列市知识产权局及中小企业主管部门指导实施单位按照公开择优的原则推选参与托管工作的服务机构，并填写《知识产权托管服务机构推荐表》报国家知识产权局备案。服务机构一般应具备以下条件：

1. 有参加知识产权托管工作的意愿。

2. 业务范围涵盖各类知识产权基础代理和研究咨询服务，具备为托管企业提供检索分析、预警预测、战略策划等研究咨询服务的能力。

3. 管理规范，机构和其从业人员无违背社会公共利益和诚信经营原则的不良记录。

4. 如分支机构承担托管工作，该分支机构应当能够独立开展托管业务，并安排专人负责托管工作。

（三）签订合同

实施单位和服务机构签订合同书，明确托管内容、考核办法、责任义务等。

（四）托管对接

实施单位组织本辖区内企业召开知识产权托管工作说明会，介绍知识产权托管工作的目的和意义，并由服务机构介绍托管工作思路和内容。

（五）开展服务

服务机构与托管企业沟通，确定具体托管方式和内容后，双方签订知识产权托管服务协议。服务机构根据协议约定为托管企业制定符合企业自身情况的知识产权托管方案，开展知识产权托管服务。

(六)服务监督

服务机构协助实施单位建立集聚区企业知识产权档案,并定期分析托管工作效果。在对托管企业开展服务的过程中,实施单位负责对服务机构以及中小企业集聚区的托管工作进行监督。

(七)验收总结

每个托管工作服务期为1年。服务期满,由省、自治区、直辖市、计划单列市知识产权局及中小企业主管部门指导实施单位对辖区内的托管服务进行考核验收,并将本辖区知识产权托管工作的总体实施情况向国家知识产权局、工业和信息化部报告。

# 附件四　园区知识产权托管服务实施方案

为进一步提高企事业单位运用知识产权的能力，增强市场竞争力，根据国家知识产权局等发布的关于《中小企业集聚区知识产权托管工作指南》的精神，结合企业实际，特制定本实施方案。

**一、指导思想**

按照"激励创造，有效运用，依法保护，科学管理"方针，建立与高新区、企业发展需求相适应的知识产权创造、运用、保护、管理工作体系，增强企业核心竞争力。

**二、工作目标**

优化资源配置，搭建知识产权公共服务平台，充分应用知识产权服务机构的专业服务，激发企业的知识产权意识，快速提升企业尤其是中小企业创造、运用、保护和管理知识产权的能力。

**三、工作原则**

坚持政府引导与市场驱动相结合的原则；坚持试点先行和以点带面相结合的原则；坚持统筹协调与个性定制相结合的原则。

**四、园区知识产权托管的含义**

知识产权托管是指在园区指导下，根据企业对知识产权管理的需求与知识产权服务机构（以下简称服务机构）专业化的服务能力，在严格保守企业商业秘密的前提下，企业委托知识产权托管机构管理其全部或部分知识产权相关事务的一揽子服务的工作模式。

**五、组织实施**

(一) 园区托管职责

园区知识产权托管管理部门,负责全面规划,统一领导,对本园区内知识产权托管工作的整体运行进行管理和监督,其主要职责包括:

1. 与知识产权托管机构签订托管协议;

2. 协调知识产权托管机构与托管企业合作及产生的问题;

3. 按进度开展托管工作,及时检查、考核与验收,总结托管工作经验和案例,提出存在的主要问题;

4. 其他与知识产权托管工作相关事宜。

(二) 知识产权托管机构的确定

1. 知识产权托管机构的条件

知识产权托管机构是指有资质的知识产权代理机构、知识产权代理公司、律师事务所、知识产权研究机构等。

园区根据各托管企业的实际情况,可以采取招投标、邀请、委托等多种形式选择知识产权托管机构入驻高新区开展托管业务。

园区与确定的知识产权托管机构、托管企业订立知识产权托管合同,确定托管内容,入驻托管企业,开展托管业务。

2. 知识产权托管机构的职责

(1) 指导企业制订知识产权战略;

(2) 指导企业创新技术管理和品牌战略管理;

(3) 对企业进行知识产权教育和培训;

(4) 对企业进行现有知识产权的监控、归纳、整理、授权、许可等；

（5）收集、分析企业知识产权情报；

（6）为企业发掘和申请专利；

（7）为企业提供所属行业专利发展方向、专利情况分析；

（8）为企业提供侵权分析及侵权诉讼服务。

托管机构开展托管业务，应当与托管企业订立托管合同，并报送高新区备案。

**六、经费保障**

园区安排专项资金开展园区知识产权托管工作，确保托管的正常开展。知识产权根据托管合同的约定，为园区和托管企业提供无偿服务。

企业对知识产权托管机构进行评分，园区对知识产权托管机构的服务质量进行考核，根据托管机构的服务成效，支付托管费用。

**七、工作进度**

园区与知识产权托管机构于_____年_____月_____日签订托管协议，制订工作方案。

知识产权托管机构与托管企业于_____年_____月_____日签订托管协议，开展知识产权托管工作。

# 附件五  知识产权托管工作的考核标准

| 序号 | 考核类别 | 考核内容 |
|---|---|---|
| 一 | 托管日常工作 | 1. 为高新区企业员工开设专题讲座 |
| | | 2. 发布知识产权资讯、知识产权活页 |
| | | 3. 开展高新区企业知识产权网上宣传 |
| | | 4. 开展知识产权咨询 |
| | | 5. 建立高新区企业知识产权档案 |
| | | 6. 完成高新区交办的其他事务 |
| 二 | 完善企业知识产权管理制度 | 1. 机构、人员管理制度 |
| | | 2. 知识产权管理制度 |
| | | 3. 经济技术合同、劳动合同中的知识产权条款 |
| | | 4. 知识产权保密管理制度 |
| | | 5. 技术资料档案管理制度 |
| | | 6. 知识产权跟踪制度 |
| | | 7. 知识产权奖惩制度 |
| | | 8. 其他相关制度 |
| 三 | 增强企业知识产权应用能力 | 1. 能够自主或依托中介机构开展知识产权信息利用 |
| | | 2. 能够检索并利用国内外有效、失效、无效专利 |
| | | 3. 信息检索进入科研立项、产品开发、知识产权保护、技术引进、产品出口、转化实施、战略研究等环节 |
| | | 4. 配备知识产权相关软、硬件等基础条件 |
| | | 5. 有效防止自主知识产权被侵犯 |
| | | 6. 无侵犯他人知识产权行为 |
| | | 7. 运用行政司法等手段保护知识产权的意识和能力逐年提高 |
| | | 8. 建立企业知识产权预警和应对机制 |

（续表）

| 序号 | 考核类别 | 考核内容 |
|---|---|---|
| 四 | 提升企业知识产权工作业绩 | 1. 创新成果形成知识产权的数量和质量逐年提高 |
| | | 2. 实施知识产权带来的新增产值和利税逐年提高 |
| | | 3. 品牌的市场价值逐步提升 |
| | | 4. 用于知识产权创造、管理、保护、运用的企业专项费用逐年提高 |
| | | 5. 熟悉各类相关的法律和政策 |
| 五 | 高新区、企业托管满意度 | 1. 高新区领导意见 |
| | | 2. 高新区职能部门意见 |
| | | 3. 入托企业意见 |
| | | 4. 入托企业技术人员意见 |
| | | 5. 上级领导部门意见 |
| | | 6. 其他 |

# 附件六　知识产权管理办法

## 一、总则

**第一条**　【制定目的】为进一步加强企业知识产权保护，规范企业知识产权管理，促进公司知识产权成果的创造、推广和应用，提升公司的科技创新能力和核心竞争力，根据国家有关法律法规规定，结合公司实际，制定本办法。

**第二条**　【适用范围】本办法适用公司知识产权的管理和保护。

**第三条**　【定义】本办法所称的知识产权，分为科研类知识产权和非科研类知识产权。

科研类知识产权包括：

（一）专利权，主要指新产品、新技术、新工艺、新方法、新配方、新材料、新设计等发明、实用新型及外观设计专利；

（二）未公开的技术、工艺、方法、配方、设计等商业秘密；

（三）产品设计图纸及其说明、标准规范、科研报告、科研论文专著等作品的著作权；

（四）应当受国家法律法规保护的其他科研类知识产权。

非科研类知识产权包括：

（一）商标权，主要指注册商品商标和服务商标；

（二）未公开的市场资讯、服务信息、管理策略等商业秘密；

（三）非科研项目形成的课题、计算机管理软件、研究报告、论文专著等作品的著作权；

（四）应当受国家法律法规保护的其他非科研类知识产权。

**第四条** 【基本原则】公司知识产权管理和保护，遵循分类分业指导、统一归口管理、统筹分工协作、推广维护并重的工作原则。

**第五条** 【管理机制】知识产权由公司知识产权职能部门主管。

公司负责法律事务的职能部门，主管知识产权的法律保护和纠纷处理工作，并协助其他知识产权主管部门做好合同审核、权益维护、法律咨询等工作。

对重大的知识产权专项事务，公司可以成立以相关主管部门为主，其他职能部门共同参与的联合工作小组，由公司负责人或者分管负责人担任工作小组领导，统一协调处理。

**第六条** 【权利说明】公司享有的知识产权，依法受法律保护。

公司在生产经营活动中，应当提示相关单位及个人，不得擅自以任何形式占有、使用、收益或者处分本公司享有的知识产权。

公司员工未经许可，不得利用公司知识产权从事营利性的生产经营活动，或者为他人提供有偿服务。

**第七条** 【职务成果】公司员工因完成本公司工作任务、利用本公司名义、利用本公司物质技术条件等而产生的与其职务相关的知识产权成果，属于职务成果，权利由公司享有，但公司与员工另有约定的除外。

（一）完成本公司工作任务产生的知识产权成果是指：

1. 执行本公司工作任务所完成的成果；

2. 履行本岗位职责所完成的成果。

（二）利用本公司名义完成的知识产权成果是指：

1. 利用本公司的名誉、名称或社会地位完成的成果；

2. 利用本公司未公开的资料完成的成果。

职务成果的完成人享有在有关成果文件上署名和依据有关规定取得相应荣誉、奖励及获得报酬的权利。

## 二、科研类知识产权

**第八条** 【部门职责】负责科研类知识产权部的主要职责：

（一）制定本公司科研类知识产权战略和相关管理规定，统一指导、监督、组织、协调本公司科研类知识产权的管理和保护工作；

（二）负责科研类知识产权的研发、申请、推广、维护等工作；

（三）参与签订、履行各类科研类知识产权合同；

（四）组织和建立科研类知识产权信息统计和档案管理工作；

（五）协同法律事务部门处理科研类知识产权法律纠纷；

（六）其他应当负责的相关工作。

**第九条** 【委托开发】公司在与其他单位进行科研项目委托研究、委托开发或合作研究、合作开发时，应当订立书面合同。

合同中应当约定知识产权成果的权利归属，并订立有关知识产权保护的条款。在符合有关规定的情况下，应当尽量约定本公司为知识产权成果的第一权利人。

**第十条** 【项目管理】公司申报的科研项目由知识产权部门实行统一归口管理。

科研项目应当按照公司《科研项目管理办法》规定，履行相应的申报、审批及备案手续。

**第十一条** 【共同立项】对技术要求高、产业化前景广的科研项目可以由公司根据资源优化、效益优先的原则，采用竞争方式择优选定承担单位，或者建议相关公司组成联合体共同申报立项。

对由联合体共同立项研发的项目，各联合体成员单位应当在平等的基础上约定相关权利和义务。

**第十二条** 【专利申报】公司对科研项目中形成的新工艺、新方法、新设计等知识产权，经评估确有经济价值和保护价值的，应当积极申请专利。

申请专利的，应当按照公司《科研项目管理办法》的规定，履行相应的申报、审批及备案手续。

不申请专利的，应当作为商业秘密进行统一管理。

**第十三条** 【技术合同】公司订立技术合同（包括技术开发、技术转让、技术咨询、技术服务等合同），应当严格遵守国家和公司的相关规定，约定知识产权的归属以及合同权益的分配等。

任何个人未经同意，不得以公司的名义对外签订技术合同。

**第十四条** 【成果推广】公司牵头建立科研类知识产权成果推广平台，引导、推介、组织知识产权成果的转化和应用。

**第十五条** 【有偿使用】公司应当采用许可实施、质押、转让、折价入股、总承包等多种方式，推广公司科研类知识产权成果的应用，发挥知识产权的经济效益。

**第十六条** 【优先使用】对公司享有的科研类知识产权成果，经公司组织评估确有推广应用价值或者产业化前景的，在同等适用条件下,关联公司原则上应当优先应用。

第十七条 【成果维护】公司对本公司享有的专利权,应当按照有关规定在权利期限内进行维护,避免权利在期限届满前终止。

相关专利权经评估确无继续维护价值的,经公司分管负责人同意,可放弃该专利权的维护工作,并报公司备案。

### 三、非科研类知识产权

第十八条 【部门职责】商标权主管部门的主要职责:

(一)制定公司商标权管理和保护的相关规定,统一指导、监督、组织、协调公司商标权的管理和保护工作;

(二)负责商标的设计、注册、维护等工作;

(三)参与签订、履行各类商标使用许可或者转让合同;

(四)组织和建立商标信息统计和档案管理工作;

(五)协同法律事务部门处理商标权法律纠纷;

(六)其他应当负责的相关工作。

除商标权之外的其他非科研类知识产权主管部门的主要职责:

(一)统一指导、监督、组织、协调本公司非科研类商业秘密和著作权的管理和保护工作;

(二)参与签订、履行各类著作权合同;

(三)组织和建立非科研类商业秘密和著作权的信息统计和档案管理工作;

(四)协同法律事务部门处理非科研类商业秘密和著作权法律纠纷;

(五)其他应当负责的相关工作。

**第十九条** 【权利保护】公司应当加强对公司商标、非科研类商业秘密及著作权等非科研类知识产权的管理和保护。

**第二十条** 【商标管理】公司应当将商标作为无形资产纳入公司资产管理体系。

对产品商标,应当申请注册商品商标。对在社会公众中具有一定知名度,具备一定可识别性的服务标志,可以申请注册服务商标。对具有维护价值的注册商标,商标专用权期限届满,应当及时申请续展注册。

**第二十一条** 【商标使用】注册商标许可他人使用或者转让的,应当签订书面合同,并收取合理的费用。

**第二十二条** 【商业秘密管理】公司应当对涉及非科研类商业秘密的文件、资料实行指定分离和专人管理制度,并核定密级。

**第二十三条** 【委托作品著作权】公司委托他人进行计算机软件开发、影像作品制作等创作活动时,应当签订书面合同。合同中应当约定著作权归属,并订立有关著作权保护的条款。在条件允许的情况下,应当尽量约定著作权由本公司享有。

**第二十四条** 【著作权登记】对公司生产经营活动利益影响较大,且容易发生权属纠纷的作品,应当进行著作权登记。

**四、激励保障措施**

**第二十五条** 【经费保障】公司应当积极鼓励科技创新、科技强企,对本公司知识产权的创造、推广、维护、保护,以及创新激励等工作,给予必要的经费保障。

根据公司相关规定,公司应将知识产权管理和保护经费纳入每年度的公司预算。

对政府部门或者有关机构设立的专项科研基金,要确保专款专用。

第二十六条 【激励机制】对科研类知识产权，公司应当根据公司《科技成果奖励办法（试行）》的规定，对于在知识产权形成、成果转化应用及管理保护工作中有突出贡献或成绩显著的单位或者个人给予奖励。公司知识产权成果在实施（包括公司自行实施和许可他人实施）或转让后的收益，参与该项职务成果的科技人员可按规定提取相应比例的报酬。

对非科研类知识产权，公司可以参照科研类知识产权成果奖励办法，对有突出贡献或成绩显著的部门或者个人给予奖励。

第二十七条 【股权激励】市场化运作程度较高的公司，可在公司的指导下，探索技术要素参与分配的机制，试点骨干科技人员持股的激励措施。

**五、管理保护措施**

第二十八条 【统计档案管理】公司应当建立知识产权信息统计和档案管理制度。

各公司知识产权主管部门对本公司知识产权成果应当按年度进行分类统计，建立检索系统；对知识产权研究开发、申报获得、注册登记、鉴定评奖、许可转让等资料、合同及证书进行收集整理，及时交本公司档案管理部门归档，并核定档案密级。对涉及本公司商业秘密的档案应采取限制阅读措施。

第二十九条 【保密协议】公司员工涉及公司科技研发、维护，或者涉及公司市场开发、管理等，掌握公司商业秘密的，公司应当按照有关规定与其签订保密协议，保密协议中可以约定竞业限制条款，并明确离职后的保密义务。

公司员工应当在技术成果发表、对外交流宣传、网络信息传输时避免泄漏公司商业秘密。

**第三十条** 【风险管理】公司应当建立知识产权法律风险管理体系，防范因知识产权申请、使用、保护不当引发的法律风险。

公司在科技创新、政策研究、生产经营等活动中，应当遵守有关知识产权保护的法律法规，做好在先权利的调查工作，遵守学术规范，维护正当竞争秩序，确保不侵犯他人的知识产权。

**第三十一条** 【责任追究】公司员工因故意或者过失违反本办法规定，侵犯公司知识产权或者造成公司知识产权被他人侵犯的，主管部门有权责令其改正，并建议公司相关部门给予处分，或者追究其法律责任。

公司员工因故意或者重大过失侵犯他人知识产权，造成公司对他人承担侵权责任的，公司有权追究其法律责任。

**第三十二条** 【纠纷管理】公司知识产权遭到侵害或者发生纠纷的，公司法律事务部门应当在相关主管部门的协助下妥善处理，并追究侵权人的法律责任。

纠纷可能对公司经营发展产生重大影响的，应当依照公司《重大法律纠纷管理办法》相关规定，启动重大知识产权法律纠纷的处置程序。

**六、附则**

**第三十三条** 【与法律法规关系】本办法在执行过程中如有与国家法律、法规相抵触的，以国家法律、法规为准。

**第三十四条** 【解释部门】本办法由公司知识产权部和法律事务部负责解释。

**第三十五条** 【生效日期】本办法自颁发之日起试行。

# 附件七  知识产权知识问答

（一）知识产权托管

1. 什么是知识产权托管？

知识产权托管是指将企事业单位对知识产权管理的需求与知识产权服务机构的专业化服务相结合，在严格保守企业商业秘密的前提下，企业委托服务机构管理其全部或部分知识产权相关事务，为企业量身定制一揽子服务的工作模式。

2. 知识产权托管的内容是什么？

知识产权托管的主要内容包括：信息分析、专利申请文件撰写、专利申请流程服务、制度建设、专利运营、权利维护、战略规划、品牌宣传和建设、人才培训等内容。

3. 知识产权托管工作的流程如何？

知识产权托管工作流程主要有：

（1）托管双方共同协商托管模式；

（2）托管双方签订知识产权托管合同；

（3）托管双方就托管工作事宜实行托管对接；

（4）托管机构开展知识产权托管服务；

（5）知识产权托管服务监督；

（6）知识产权托管验收。

（二）知识产权资产评估

1. 为什么要进行资产评估？

无形资产评估的目的主要包括转让、许可使用、出资、拍卖、质押、诉讼、损失赔偿、财务报告、纳税等。

2. 无形资产评估涉及的资产有哪些？

对无形资产进行评估，一般要谨慎区分可辨认无形资产和不可辨认无形资产，单项无形资产和无形资产组合。可辨认无形资产包括专利权、商标权、著作权、专有技术、销售网络、客户关系、特许经营权、合同权益等；不可辨认无形资产是指商誉。

（三）知识产权质押融资

1. 什么是知识产权质押？

知识产权质押是一种权利质押的担保方式，主要指依法可以转让的商标专用权，专利权、著作权中的财产权都可以作为质押标的，在债务人不履行债务时，债权人有权依法就该设质知识产权的变价款优先受偿，从而保证债权人的债权得以实现。

2. 什么是知识产权质押融资？

知识产权质押融资是一种相对新型的融资方式，主要指企业或者个人以合法拥有的专利权、商标权、著作权中的财产权经评估后作为质押物，向银行申请融资。

3. 如何进行专利权出质？

以专利权出质的，出质人与质权人应当订立书面合同，并向中国专利局办理出质登记。其中，办理涉外专利权质押合同登记时，应当委托涉外专利代理机构代理。

4. 专利权质押合同包括哪些内容？

专利权质押合同内容主要有：

（1）出质人、质权人以及代理人的姓名（名称）、通讯地址；

（2）被担保的主债权种类；

(3) 债务人履行债务的期限；

(4) 专利件数以及每项专利的名称、专利号、申请日、颁证日；

(5) 质押担保的范围；

(6) 质押的金额与支付方式；

(7) 对质押期间进行专利权转让或实施许可的约定；

(8) 质押期间维持专利权有效的约定；

(9) 出现专利纠纷时出质人的责任；

(10) 质押期间专利权被撤销或被宣告无效时的处理；

(11) 违约及索赔；

(12) 争议的解决办法；

(13) 质押期满债务的清偿方式；

(14) 当事人认为需要约定的其他事项；

(15) 合同签订日期，签名盖章。

5. 申请办理专利权质押合同登记，当事人应向中国专利局上交哪些文件？

申请专利权质押合同登记时需要上交的文件有：专利权质押合同登记申请表、主合同和专利权质押合同、出质人的合法身份证明、委托书及代理人的身份证明、专利权的有效证明、专利权出质前的实施及许可情况、上级主管部门或国务院有关主管部门的批准文件，以及其他需要提供的材料。

（四）知识产权出资

1. 什么是知识产权出资？

知识产权出资是指知识产权所有人可以以其所有的合法、有效的知识产权通过转让、许可、特许经营等方式向公司作价出资。

2. 知识产权出资有哪些特点？

知识产权出资具有以下特点：

（1）经营收益性强。知识产权所有人可以将知识产权许可给公司，靠许可费转化为股权收益，实现出资价值；还可以向被特许人收取加盟费，且每年按一定比例提成分红；更可以将知识产权以公司名义对外投资入股，靠投资的分红实现价值。

（2）与有形资产出资相比，债务实现周期不同，债务清偿差异性大。知识产权如果转让，可以一次也可以分次实现债务清偿，而且，知识产权还可以以许可、特许经营等方式实现清偿。

3. 知识产权出资有怎样的程序？

知识产权出资的程序为：

（1）出资公示：

公司股东之间对知识产权入股作价金额达成协议，然后将该项知识产权及与其相应的出资额、该项成果入股使用的范围、成果出资者保留的权利范围以及违约责任等写入公司章程。

（2）知识产权评估：

对知识产权的类型、法律保护范围、有效期长短、许可使用情况、是否正处于诉讼等纠纷之中、出资标的是专用权还是使用权等部分权能等进行知识产权评估。

（3）权利移转：

出资方将知识产权整体且无权利瑕疵地移转给公司；出资方在转移时需要保证其出资的知识产权是合法、有效的，并承诺所交付的知识产权无任何权利负担，第三人不能对出资的知识产权提出权利请求。

(五)技术转让

1. 什么叫技术转让?

技术转让是技术市场的基本交易方式之一,是指技术供应方通过各种方式把技术成果转让给技术承受方的行为过程,所转让的技术包括获得专利权的技术,以及非专利技术,如专有技术、传统技艺生物品种、技术秘密等。

2. 技术转让的类型有哪些?

按照转让技术的权利化程度的不同,技术转让合同可以分为以下四种基本类型:

(1) 专利权转让:专利权人作为转让方,将其发明创造专利的所有权或将持有权移转受让方,受让方支付约定价款的转让方式。

(2) 专利申请权转让:专利申请人将其特定的发明创造申请专利的权利移交给受让方的技术转让形式。

(3) 专利实施许可:专利权人或者授权人作为让与方,许可受让方在约定的范围内实施专利的技术转让形式。

(4) 非专利技术(技术秘密)转让:让与方将其拥有的非专利技术成果提供给受让方,明确相互之间非专利技术成果的使用权、转让权的技术转让形式。

3. 专利转让和专利实施许可有什么区别?

专利转让一经生效,受让人即取得专利权人地位,转让人丧失其地位。专利实施许可则是允许被许可人在专利权有效期限内,在专利效力所及的地域内,从事一种或多种实施专利的行为,如制造、使用、许诺销售、销售、进口等。在专利实施许可中,被许可人对该专利仅仅享有实施权,不享有所有权,而且专利权人可以对被许可人的实施行为施加种种限制。

4. 什么叫非专利技术？

非专利技术，又称专有技术，是指未经公开也未申请专利，但在生产经营活动中已采用了的、不享有法律保护，但为发明人所垄断，具有实用价值的各种技术和经验。

5. 非专利技术与商业秘密有何异同？

相同点：两者都具备三个特征，即技术性、秘密性、实用性；权利人都要采取保密措施；都受国家《刑法》《民法通则》《反不正当竞争法》《劳动法》《技术合同法》等法律调整和保护。

不同点：非专利技术仅指技术秘密和技术信息，而商业秘密的范围不但包括技术秘密和技术信息，也包括经营信息。

# 附件八　高新区内企业知识产权调查问卷（样本）

经高新区知识产权托管行政部门的慎重推荐，我们有幸能以贵单位作为调查对象。

本调查的内容主要侧重于高新区内企业的知识产权管理能力以及企业对高新区知识产权服务的需求问题，目的在于了解高新区企业对于现行知识产权管理与服务的看法和意见，为改进和完善知识产权管理和高新区相关服务提供依据。

贵单位的意见对本研究结果非常重要，恳请贵单位能客观、真实地表达自己的想法。这个问卷不记名，不存档，仅作为调查研究之用，请贵单位不要有任何顾虑。

为了保证调查结果的质量，在填答过程中，请贵单位注意：

◆ 对于多种选择性问题，贵单位可以用划"√"表示贵单位选中该项，空白则表示不选取该项。

◆ 对于填空性问题，在指定的空白处，请按问题要求填入贵单位自己的意见。

谢谢贵单位的支持与合作！

联系人：

## 一、企业基本情况

| 名称 | |
|---|---|
| 所属行业 | |
| 企业属性 | □高新技术 □专利试点 □专利示范 □孵化器 □在孵企业 □其他 |
| 总员工人数 | □□□□人 |

## 二、企业知识产权现状

1. 贵企业拥有以下哪种形式的知识产权？

   A. 专利　　　B. 注册商标　C. 著作权　　D. 商业秘密

   E. 其他（如植物新品种、集成电路）

2. 贵企业是否有专利？

   A. 有（如果有，数量件，其中发明件实用新型件外观设计件）

   B. 正在申请　　　　　　C. 不打算申请

3. 贵企业如有专利技术，专利技术的主要来源是？

   A. 原始自主研发　　　　B. 利用现有技术集成创新

   C. 引进后再研发　　　　D. 合作创新

   E. 委托创新　　　　　　F. 专利许可合同

   G. 专利购买　　　　　　F. 其他方式

4. 贵企业的专利技术有没有转化为专利产品？

   A. 有　　　　　　　　　B. 无

   如果有，其占公司总销售额的比例为：　%，其占公司利润比例为：　%

5. 贵企业是否有注册商标？

   A. 有（如果有，数量件）　B. 正在申请

   C. 不打算注册

6. 贵企业如有著作权，有没有办理过著作权登记？

   A. 有（如果有，数量件）　B. 正在申请

   C. 不打算注册

7. 贵企业有没有商业秘密？

   A. 有（属于经营信息/技术信息）

   B. 没有

8. 贵企业是否有植物新品种或者集成电路布图设计？

A. 有（如果有，数量____件） B. 正在申请

C. 不打算注册

### 三、企业知识产权创造与管理

1. 贵企业在进行研发或购买专利技术前是否进行详细的专利检索与分析？

A. 是（如果是，通过____渠道进行？（可参考下题）） B. 否

C. 没有考虑过这个问题

2. 贵企业希望专利检索与分析由哪方提供？

A. 企业自身 B. 图书馆或者情报所

C. 专利代理机构 D. 科技园区服务机构

3. 贵企业从外部购买或实施转化的知识产权的相关信息的来源方：

A. 国家知识产权局 B. 地方知识产权局

C. 行业协会

D. 上网检索或通过专利超市发布的信息

E. 科技园区服务机构

4. 贵企业是否设置了知识产权专职管理机构？

A. 是

B. 否，相关工作由其他企业内部机构监管（具体是_____）

C. 否，也没有由其他机构兼管

D. 否，由外聘律师事务所或者专利代理机构提供服务

5. 贵企业是否安排了知识产权专职管理人员？

A. 是

B. 否，但指定了企业内部兼管人员（具体是_____）

C. 否，也没有指派兼管人员

D. 否,由外聘法律顾问或者专利代理人提供服务

6. 贵企业对员工进行过下面哪些知识产权方面的培训?

A. 在企业内开展专业培训

B. 参加园区开设的知识产权讲座

C. 参加社会上的知识产权培训班

D. 没有任何培训

7. 贵企业是否有以下知识产权内部管理制度?

A. 综合知识产权管理制度

B. 专利管理制度　　　　C. 商标管理制度

D. 商业秘密管理制度　　E. 职务成果奖励制度

F. 竞业限制制度　　　　G. 海关备案制度

H. 没有任何制度

8. 贵企业对于竞争对手的知识产权储备是如何了解的?

A. 完全不了解

B. 通过国家知识产权局和商标局网站了解

C. 专业刊物、展览会　　D. 行业协会

E. 科技园区服务机构

9. 贵企业有没有考虑过制订企业知识产权战略规划?

A. 已制订知识产权专项规划的,规划中有无以下内容:

战略目标/未来目标市场与研发战略相结合/企业竞争力提升/专利的新产品/专利的转让、许可/专利质押融资/专利入股/培训与宣传/维权/信息安全

B. 未制订知识产权战略,但知识产权战略理念在企业发展战略中有所体现

C. 未制订知识产权战略,也未体现于企业发展战略中,未来打算制订

10. 贵企业在知识产权研发上_____年的投入约为_____元，_____年的预算为_____元；

贵企业在知识产权管理上_____年的投入约为_____元，_____年的预算为_____元。

### 四、企业知识产权保护和应用

1. 贵企业是否发生过以下知识产权纠纷问题？

    A. 没有                B. 专利纠纷问题

    C. 商标纠纷问题       D. 商业秘密纠纷问题

    E. 著作权纠纷         F. 其他（请说明）

2. 对已经发生的知识产权纠纷问题，贵企业采取的主要措施是？

    A. 双方协商            B. 行业协会出面调解

    C. 向政府部门（如知识产权局、工商局、海关等）提出行政程序

    D. 诉讼                   E. 仲裁

    F. 其他（请说明）

3. 贵企业可能面临的知识产权的问题？

    A. 企业专利权遭到侵犯或被控侵权；

    B. 企业商标权遭到侵犯或被控侵权；

    C. 在类似商品上使用同本企业类似的商标，有搭便车的嫌疑；

    D. 在本企业尚未申请的商品类别中使用与本企业相同或近似的商标；

    E. 本企业的重要文档资料（包括软件、设计图等）被他人擅自使用；

    F. 重要人员辞职后，加入竞争对手公司或成立业务相同的

公司；

　　G. 重要人员辞职后，本企业原有客户也随之大量流失；

　　H. 离职员工带走机密文件，开发类似产品；

　　I. 其他问题。

4. 贵企业对拥有的知识产权如何处理？

　　A. 仅作为技术储备　　　B. 自行产业化

　　C. 与其他企业合作转化　D. 转让给他人

　　E. 许可他人使用　　　　F. 办理知识产权质押融资

　　G. 作为出资和他人设立新的企业

5. 贵企业在决定应用已有知识产权创造时，如何决策将那些知识产权投入应用转化为产品？

　　A. 主要考虑市场需求　　B. 主要考虑自身竞争优势

　　C. 除了以上两点，还要律师、专利代理人等专业人士提供评估意见

6. 贵企业今后如有机会与战略投资者合作，对于自身拥有的知识产权的考虑是：

　　A. 作价投资入股　　　　B. 许可使用

　　C. 转让给合作方　　　　D. 自己保留

7. 贵企业能够市场化的知识产权中，因下列哪个条件的制约而未能实施？

　　A. 缺少无形资产运营理念

　　B. 缺少专利转让、许可的专业知识和专设机构

　　C. 缺乏技术营销人才　　D. 销售渠道未健全

　　E. 政府扶持政策不到位　F. 信息不对称

　　G. 现有交易中资产评估不规范、手续烦琐、成本高

　　H. 与合作方的条件谈不拢

I. 缺少咨询服务、商业模式策划的服务

这其中最主要的原因是（依次取前3项原因）：

8. 贵企业是否建立了知识产权跟踪、预警与监控机制？

A. 没有

B. 建立个性化的专利数据库并时常更新

C. 建立商标管理信息

D. 跟踪竞争对手的专利申请状况，并分析其技术发展计划和商业计划

E. 监控他人专利申请和商标登记，预防对企业的在先权利造成侵害

### 五、企业对高新区知识产权服务需求

1. 您认为贵企业知识产权保护如果存在不足的话，主要原因有哪些？

A. 技术积累不够

B. 不了解知识产权方面的知识

C. 缺乏知识产权专业人才

D. 知识产权保护和扶持力度不够

E. 知识产权保护成本过高（企业在这方面的预算是____元）

2. 贵企业最希望高新区引进的知识产权服务项目是（可按照需求程度依次标注前5位序号）：

专利信息检索服务/专利数据分析及深度服务/专利技术转化服务/知识产权战略推进/知识产权培训服务/法律咨询与法律援助/知识产权举报投诉热线/知识产权网上服务资深律师/代理人工作室

还希望得到哪些服务（请注明）：_____

**3. 贵企业希望高新区引进知识产权服务的方式是：**

A. 高新区搭建平台，介绍中介机构与企业座谈

B. 组织政府部门和中介机构到高新区内讲课培训

C. 由高新区与中介机构共同设立服务点，高新区内企业可以优惠价格获取服务

D. 中介机构在高新区设立常设机构，方便企业随时咨询

E. 通过在高新区内设立知识产权托管中心降低企业知识产权管理成本

**4. 贵企业需要高新区引入以下哪些知识产权中介服务？**

A. 知识产权申请代理服务　　B. 知识产权法律服务

C. 知识产权推广应用服务　　D. 知识产权资产评估服务

E. 知识产权信息服务　　　　F. 知识产权专业培训

G. 其他（请注明）：_____

**5. 贵企业对目前的知识产权中介服务机构的服务能力的意见是：**

A. 非常满意　　　　　　　　B. 一般

C. 尚无能提供符合企业需要的中介机构

D. 未能提供定制化的服务

E. 收费欠合理　　　　　　　F. 服务欠规范

**6. 贵企业希望高新区协助企业获取：**

A. 提供知识产权管理指南和合同范本

B. 国家政策法规的规范和引导

C. 专利申请直接资助

D. 有针对性的知识产权人才培养

E. 质优价廉的知识产权中介服务

F. 指导企业建立知识产权管理体系

7. 贵企业对于知识产权托管:

A. 很了解　　　　　　　　B. 知道但不清楚

C. 完全不了解

8. 贵企业对于园区提供知识产权服务的建议:

# 附件九　知识产权活页范本一：知识产权托管协议

甲方：（高新区）

乙方：（托管机构）

丙方：（入托企业）

鉴于_____高新区（以下简称"高新区"）与_____知识产权托管机构关于"知识产权托管协议"之约定，为有效提升高新区企业的知识产权创造、运用、保护和管理能力，培育一批知识产权优势企业，为高新区企业的创新及快速发展增添动力和活力，经甲方选定，乙方为高新区知识产权托管服务机构，丙方为高新区知识产权托管入托单位。经三方协商，达成如下协议。

第一条　基本情况

1. 乙方为甲方指定之托管服务实施机构，具体负责托管丙方之知识产权事务，受甲方的管理、监督和考核。

2. 丙方为高新区知识产权托管管理部门选定的高新区知识产权托管的入托单位，委托乙方对其知识产权事务进行一揽子管理。

第二条　免费托管内容

乙方为丙方提供以下知识产权托管服务，在托管试点期间免收托管费用：

1. 应丙方要求提供知识产权工作日常咨询和建议；

2. 应丙方具体需求提供一次知识产权培训；

3. 定期提供知识产权资讯信息，包括但不限于知识产权相关政策、新闻、重要案例；

4. 不定期提供知识产权工作活页,包括但不限于与企业密切相关的知识产权法律法规、合同文本、制度模板、业务办理须知;

5. 应丙方要求协助建立和完善知识产权管理制度;

6. 应丙方要求提供知识产权档案管理;

7. 应丙方要求提供知识产权过程维护管理服务;

8. 应丙方要求提供知识产权申请部署策划建议;

9. 应丙方要求提供知识产权维权建议;

10. 其他三方协商一致的知识产权托管服务。

**第三条 托管目标**

乙、丙双方在充分沟通协调的基础上,共同制订托管目标。托管目标作为本协议附件,与本协议一并报备甲方,并由甲方进行定期考核和验收。

**第四条 收费托管内容**

除本协议第二条所述免费托管服务外,如乙方根据丙方要求,提供以下收费托管服务,则乙方将按照在正常市场收费基础上优惠_____的价格予以收费,具体委托内容及收费事项另行订立协议。收费托管服务包括但不限于以下内容:

1. 代理国内外发明、实用新型、外观设计专利以及商标注册申请;

2. 代理作品著作权登记;

3. 代理专利复审、商标评审、专利无效以及商标异议/撤销事务;

4. 知识产权纠纷及侵权的法律服务,包括市场监视、知识产权的海关备案、调查取证、庭外调解、申请行政调处及提起诉讼等;

5. 起草有关专利、商标、著作权转让、许可等知识产权所涉及的法律文本,根据需要参与谈判;

6. 知识产权专题检索分析及预警；

7. 建立企业专利数据库；

8. 制订企业知识产权战略；

9. 关于知识产权管理及保护的其他事务；

10. 其他非知识产权法律事务。

**第五条 乙方义务**

1. 乙方应在最有效的时间内，勤勉尽责、保质保量完成托管相关事宜，并依据法律作出专业判断，努力维护丙方的合法权益；

2. 乙方就丙方基于托管而向乙方提供的资料、信息承担保密义务，除依据国家法律有权了解该等资讯的其他人员以外（如法官、检察官、警官、税务官员等），未经丙方同意，不得向任何组织和个人泄露。

**第六条 丙方义务**

丙方应为乙方的托管服务提供及时、必要的配合和支持，包括但不限于人员、信息资料、经费的保证和提供。

**第七条 托管联系人**

1. 在本协议履行过程中，乙方、丙方指定的工作联系人分别为：

乙方联系人：　　　　联系电话：

丙方联系人：　　　　联系电话：

2. 联系人负责转达一方对对方的请示或者要求，转交各种通知、文件和资料，办理各项事务性工作，一方更换联系人、变更通知、通讯地址或其他联系方式，应及时通知对方。

**第八条 违约责任**

1. 乙方无正当理由不承担本协议第二条约定的托管事项或者违反本协议规定义务的，丙方有权退出托管试点，并有权要求乙方承担因此造成的损失。

2. 乙方工作人员因工作延误、失职、失误，违反保密义务，具有过错，给丙方造成损失的，乙方应当承担相应的赔偿责任。

3. 丙方违反本协议规定义务或者无正当理由终止履行本协议的，乙方有权终止本协议并有权要求丙方支付托管服务的合理费用。

**第九条　托管期限**

托管期限为一年，自本协议签订之日起算。

**第十条　其他**

1. 未尽事宜，三方另行协商解决。

2. 本协议附件是本协议不可分割的组成部分，与本协议共同组成完整的托管试点工作协议，与本协议具有同等法律效力。

3. 本协议正本一式三份，三方各执一份。

甲方：　　　　　乙方：　　　　　丙方：

代表：　　　　　代表：　　　　　代表：

# 附件十 知识产权活页范本二：商业秘密保密合同

甲方：

乙方：

乙方因参与甲方关于_____项目的有关工作，已经（或将要）知悉甲方关于该项目的商业秘密。为了明确乙方的保密义务，甲、乙双方本着平等自愿、公平诚信的原则，依据《中华人民共和国劳动法》《中华人民共和国反不正当竞争法》订立本保密协议。

**第一条** 保密的内容和范围

甲、乙双方确认，乙方应承担保密义务的关于该项目的商业秘密范围包括：

1. 技术信息：包括技术方案、设计要求、服务内容、实现方法、运作流程、技术指标、软件系统、数据库、运行环境、作业平台、测试结果、图纸、样本、模型、使用手册、技术文档、涉及技术秘密的业务函电等；

2. 经营信息：包括客户名称、客户地址及联系方式、需求信息、营销计划、采购资料、定价政策、进货渠道、产销策略、招投标中的标底及标书内容、项目组人员构成、费用预算、利润情况及不公开的财务资料等；

3. 其他事项：甲方依照法律规定（如通过与项目对方当事人缔约）和有关协议（如技术合同等）的约定要求乙方承担保密义务的其他事项。

**第二条** 乙方的保密义务

对第一条所称的该项目商业秘密，乙方承担以下保密义务：

1. 主动采取加密措施对上述所列及之商业秘密进行保护，防止不承担同等保密义务的任何第三者知悉及使用；

2. 不得刺探或者以其他不正当手段（包括利用计算机进行检索、浏览、复制等）获取与本职工作或本身业务无关的甲方关于该项目的商业秘密；

3. 不得向不承担同等保密义务的任何第三人披露甲方关于该项目的商业秘密；

4. 不得允许（包括出借、赠予、出租、转让等行为）或协助不承担同等保密义务的任何第三人使用甲方关于该项目的商业秘密；

5. 不论因何种原因终止参与甲方关于该项目的工作后，都不得利用该项目之商业秘密为其他与甲方有竞争关系的企业（包括自办企业）服务；

6. 该项目的商业秘密所有权始终全部归属甲方，乙方不得利用自身对项目不同程度的了解申请对于该项目商业秘密所有权，在本协议签订前乙方已依法具有某些所有权者除外；

7. 如发现甲方关于该项目的商业秘密被泄露或者自己过失泄露秘密，应当采取有效措施防止泄密进一步扩大，并及时向甲方公司报告。

**第三条** 保密期限

甲、乙双方确认，乙方的保密义务自本协议签订时开始，到甲方关于该项目的商业秘密公开时止。乙方是否继续参与甲方关于该项目的工作，不影响保密义务的承担。

**第四条** 违约责任

1. 如果乙方未履行本协议第二条所规定的保密义务，但尚未给甲方造成损失或严重后果的，应当承担不超过人民币_____元的违约罚款；

2. 如果因为乙方前款所称的违约行为造成甲方的损失或严重后果的，乙方应当承担违约责任，损失赔偿见本条第 3 项所列。

3. 本条第 2 项所述损失赔偿包括：

（1）损失赔偿额为甲方因乙方的违反协议行为所受到的实际_____元的经济损失，计算方法为：因乙方的侵权行为导致甲方的产品销售数量下降，其销售数量减少的总数乘以每件 1 套产品利润所得之积；

（2）如果甲方的损失依照上述计算方法难以计算，损失赔偿额为乙方支付不低于甲方就该项目商业秘密已发生的投资费用的____%作为损失赔偿额；

（3）甲方因调查乙方的违反协议行为而支付的合理费用；

（4）因乙方的违反协议行为侵犯了甲方关于该项目的商业秘密权利，甲方可以选择根据本协议要求乙方承担违约责任，或者根据国家有关法律、法规要求乙方承担侵权责任。

**第五条** 争议的解决办法

因执行本协议而发生纠纷，可以由双方协商解决或者共同委托双方信任的第三方调解。协商、调解不成或者一方不愿意协商、调解的，任何一方都有提起诉讼的权利。

**第六条** 协议的效力和变更

1. 本协议自双方签字起生效。

2. 本协议的任何修改必须经过双方的书面同意。协议未尽事宜由双方协商解决，协商不成，可向仲裁机关申请仲裁或诉诸法律解决。

3. 本协议一式两份，甲乙双方各执一份。

甲方（盖章）：　　　　　　　　乙方（盖章）：

代表：　　　　　　　　　　　　代表：

　年　月　日　　　　　　　　　年　月　日

# 附件十一　知识产权活页范本三：技术转让合同（专利实施许可）

甲方：

乙方：

本合同乙方以＿＿＿＿＿＿（独占、排他、普通）方式许可甲方实施其所拥有的＿＿＿＿＿＿专利权，甲方受让该项专利的实施许可并支付相应的实施许可使用费。双方经过平等协商，在真实、充分地表达各自意愿的基础上，根据《中华人民共和国合同法》的规定，达成协议，并由双方共同恪守。

**第一条**　本合同许可实施的专利权：

1. 为＿＿＿＿＿＿（发明、实用新型、外观设计）专利。

2. 发明人/设计人：＿＿＿＿＿＿＿＿＿＿＿＿＿＿＿＿。

3. 专利权人为：＿＿＿＿＿＿＿＿＿＿＿＿＿＿＿＿＿。

4. 专利授权日：＿＿＿＿＿＿＿＿＿＿＿＿＿＿＿＿＿。

5. 专利号：＿＿＿＿＿＿＿＿＿＿＿＿＿＿＿＿＿＿＿。

6. 专利有效期限：＿＿＿＿＿＿＿＿＿＿＿＿＿＿＿＿。

7. 专利年费已交至＿＿＿＿＿＿＿＿＿＿＿＿＿＿＿＿。

**第二条**　乙方在本合同生效前实施或许可本项专利的基本状况如下：

乙方实施本项专利权的状况（时间、地点、方式和规模）：

＿＿＿＿＿＿＿＿＿＿＿＿＿＿＿＿＿＿＿＿＿＿＿＿＿＿

乙方许可他人使用本项专利权的状况（时间、地点、方式和规模）：＿＿＿＿＿＿＿＿＿＿＿＿＿＿＿＿＿＿＿＿＿＿

第三条　乙方许可甲方以如下范围、方式和期限实施本项专利：

1. 实施方式：_____
2. 实施范围：_____
3. 实施期限：_____

第四条　为保证甲方有效实施本项专利，乙方应向甲方提交以下技术资料：

1. _____
2. _____
3. _____
4. _____

第五条　乙方提交技术资料的时间、地点、方式如下

1. 提交时间：_____；
2. 提交地点：_____；
3. 提交方式：_____。

第六条　为保证甲方有效实施本专利，乙方向甲方转让与实施本专利有关的技术秘密：

1. 技术秘密的内容：_____
2. 技术秘密的实施要求：_____
3. 技术秘密的保密范围和期限：_____

第七条　为保证甲方有效实施本项专利，乙方向甲方提供以下技术服务和技术指导：

1. 技术服务和技术指导的内容：_____
2. 技术服务和技术指导的方式：_____

第八条　双方确定，乙方许可甲方实施本项专利及转让技术秘密、提供技术服务和技术指导，按以下标准和方式验收：

1. _____；
2. _____；
3. _____。

**第九条** 甲方向乙方支付实施该项专利权使用费及支付方式为：

1. 许可实施使用费总额为：_____

其中，技术秘密的使用费为：_____

技术服务和指导费为：_____

2. 许可实施使用费由甲方_____（一次、分期或提成）支付乙方。

具体支付方式和时间如下：

（1）_____

（2）_____

（3）_____

乙方开户银行名称、地址和账号为：_____

开户银行：_____

地址：_____

账号：_____

3. 双方确定，甲方以实施专利技术所产生的利益提成支付乙）许可使用费的，乙方有权以_____方式查阅甲方有关的会计账目。

**第十条** 乙方应当保证其专利权实施许可不侵犯任何第三人的合法权益，如发生第三人指控甲方侵犯专利权的，乙方应当_____。

**第十一条** 乙方应当在本合同有效期内维持本项专利权的有效性。如由于乙方过错致使本项专利权终止的，乙方应当按本合同第十六条的约定，支付甲方违约金或赔偿损失。

本项专利权被国家专利行政主管机关宣布无效的，乙方应当赔偿甲方损失，但甲方已给付乙方的使用费，不再返还。

**第十二条** 甲方应当在本合同生效后____日内开始实施本项专利；逾期未实施的，应当及时通知乙方并予以正当解释，征得乙方认可。甲方逾期____日未实施本项专利且未予解释，影响乙方技术转让提成收益的，乙方有权要求甲方支付违约金或赔偿损失。

**第十三条** 双方确定，在本合同履行中，任何一方不得以下列方式限制另一方的技术竞争和技术发展：

1. _____；
2. _____；
3. _____。

**第十四条** 双方确定：

1. 甲方有权利用乙方许可实施的专利技术和技术秘密进行后续改进。由此产生的具有实质性或创造性技术进步特征的新的技术成果，归（甲方、双方）_____方所有。具体相关利益的分配办法如下：_____

2. 乙方有权在许可甲方实施该项专利权后，对该项专利权涉及的发明创造及技术秘密进行后续改进。由此产生的具有实质性或创造性技术进步特征的新的技术成果，归_____（乙方、双方）方所有。具体相关利益的分配办法如下：_____

**第十五条** 本合同的变更必须由双方协商一致，并以书面形式确定。但有下列情形之一的，一方可以向另一方提出变更合同权利与义务的请求，另一方应当在____日内予以答复；逾期未予答复的，视为同意：

1. _____ ;
2. _____ ;
3. _____ ;
4. _____ 。

**第十六条** 双方确定，按以下约定承担各自的违约责任：

1. ____方违反本合同第____条约定，应当_____（支付违约金或损失赔偿额的计算方法）。

2. ____方违反本合同第____条约定，应当_____（支付违约金或损失赔偿额的计算方法）。

3. ____方违反本合同第____条约定，应当_____（支付违约金或损失赔偿额的计算方法）。

4. ____方违反本合同第____条约定，应当_____（支付违约金或损失赔偿额的计算方法）。

**第十七条** 双方确定，在本合同有效期内，甲方指定_____为甲方项目联系人，乙方指定_____为乙方项目联系人。项目联系人承担以下责任：

1. _____ ;
2. _____ ;
3. _____ 。

一方变更项目联系人的，应当及时以书面形式通知另一方。未及时通知并影响本合同履行或造成损失的，应承担相应的责任。

**第十八条** 双方确定，出现下列情形，致使本合同的履行成为不必要或不可能，可以解除本合同：

1. 发生不可抗力；
2. _____ ;

3. _____。

**第十九条** 双方因履行本合同而发生的争议,应协商、调解。协商、调解不成的,确定按以下第_____种方式处理:

1. 提交_____仲裁委员会仲裁;
2. 依法向人民法院起诉。

**第二十条** 双方确定:本合同及相关附件中所涉及的有关名词和技术术语,其定义和解释如下:

1. _____;
2. _____
3. _____
4. _____

**第二十一条** 与履行本合同有关的下列技术文件,经双方以_____方式确认后,为本合同的组成部分:

1. 技术背景资料:_____;
2. 可行性论证报告:_____;
3. 技术评价报告:_____;
4. 技术标准和规范:_____;
5. 原始设计和工艺文件:_____;
6. 其他:_____。

**第二十二条** 双方约定本合同其他相关事项为:_____

**第二十三条** 本合同一式_____份,具有同等法律效力。

**第二十四条** 本合同经双方签字盖章后生效。

甲方:(盖章)_____　　乙方:(盖章)_____

代表:(签名)　　　　　　法定:(签名)

___年___月___日　　　　　___年___月___日

# 后　记

本书是上海紫竹高新区（集团）有限公司与上海大学知识产权学院开展"知识产权托管合作"的实践研究成果之一。这次合作自 2012 年第一周期开始，至 2016 年第二周期结束。为总结以往实践中的经验，发现存在的问题，借鉴其他高新区知识产权工作的成功做法，使得知识产区托管工作能够在第三周期中更好地开展，我们决定出版本书。

紫竹高新区知识产权托管工作开展多年来得到了国家知识产权局、上海市知识产权局、上海市版权局、闵行区知识产权局等的大力支持和指导，使得高新区知识产权托管得以顺利开展。

本书中使用的案例、资料等大多来自紫竹高新区知识产权托管的现实实践，或是根据相关案例适当改编而成的。这期间，上海大学知识产权学院师生跟随紫竹高新区投资服务中心的工作人员一起走访了区内诸多企业，在紫竹高新区各中心、各子公司，特别是紫竹高新区创业中心的帮助下，得到了区内企业的友好合作，完成了紫竹高新区知识产权托管办公室企业走访记录。参与本次走访并参与相关案例编撰的研究生包括张冉冉、方斌、李百慧、李棣森、严莘辉、潘琪、祁温瑶等同学。

最后，感谢紫竹高新区、上海大学知识产权学院、紫竹高新区内各大企业及相关知识产权部门，以及北京大学出版社对于本书出版的大力支持。

编者

2016.10.10